합리적 사고를 위한 12개 키워드

합리적 사고를 위한

12개
키워드

대립되는 의견을 가진 상대를 이해
하는 익숙하고도 새로운 사고방식

신창호(고려대 교육학과 교수) 지음

씨아이스트

교과서에서 '인문학'을 배운다

인문학에 '정답'은 없지만, '해답'은 있다

세상에는 다양한 분야의 학문 영역이 존재한다. 그것을 크게 두 가지로 나눈다면 '인문학(人文學)'과 '자연학(自然學)'으로 구분할 수 있다. 인문학은 인간 사회가 그려나가는 무늬를 중심으로 구축한 학문이다. 자연학은 우주 자연의 원리와 법칙 탐색을 구심으로 관찰한 학문이다. 다시 말하면, 자연학이 객관적 우주 자연의 본질과 현상을 다루는 작업이라면, 인문학은 인간 사회와 관련된 다양한 분야를 확인하고 처리하는 일이라 할 수 있다.

특히 인문학에서 이야기하는 내용은 사상이나 문화를 연구하는 작업으로 이어지는데, 그것은 자연학에서 다루는 객관적 내용들이 거의 없다고 볼 수 있다. 그러므로 자연학은 어떤 현상에 대한 법칙, 즉 정답(正答)을 찾아내고 밝혀내는 것이라면, 인문학에서는 정답을 찾는 것이 아니다. 설령 어떤 부류의 사람들이 '정답'이라고 우겨도 그것은 정답이 될 수 없다. 그들이 이야기하는 정답은 다만 자신이 옳다고 믿는 생각의 방법으로 만들어진 많은 풀이 중의 하나일 뿐이다. 문제는 해답(解答)이다! 그래서 인문학은 왜 자신은 그렇게 생각하는지, 즉 왜 그렇게 사유하는지를 핵심적으로 연구한다.

'사유한다'라는 인간의 독특한 작업

인간이 삶에서 다루는 다양한 '교과서(敎科書)'는 인간 자신에게 '사유(思惟)'하는 작업을 필연적으로 요구한다. 사유는 한 마디로 '대상을 두루 생각하는 일'이다. 즉, 어떤 대상에 관해 여러 가지 관점에서 살펴보고 생각하는 것을 말한다. 이는 단순히 이론이나 개념으로서만 어떤 사안을 접하고 배우는 작업을 넘어, 개인의 실생활이나 사회적 삶에 적용하고 이해하고 나아가 실천하는 것을 목표로 하고 있다는 말이기도 하다. 사유를 하기 위해서는 당연히 일정 정도의 지식이나 정보를 필요로 한다. 하지만 사람들이 흔히 생각하는 것처럼 엄청나게 많은 양의 지식이나 정보가 반드시 필요한 것은 아니다. 기본 개념들을 제대로 익혀서 알고 있다면 그 개념들을 활용하여 보다 복잡하고 어려운 문제에 접근하는 것이 가능하기 때문이다.

프롤로그 ——————

그런 의미에서 청소년 시기에 필요한 인문학적 지식 함양은 교과서로도 충족할 수 있다고 생각한다. 물론 충분한 독서를 통해 많은 사람들의 생각을 접하면서 자신의 사고를 확장하고 지식의 양을 늘리는 것은 좋은 일이고 당연히 권장할만한 일이다. 다만, 청소년들이 어떤 문제에 대한 여러 가지 관점을 이해하고 자신의 생각을 펼치기 위해 교과서 이외의 인문학 서적이나 철학 서적을 통해 별도로 엄청난 분량의 지식을 반드시 습득해야 하는 것은 아니라는 점을 강조해 두고 싶다. 실제로 교과서에 나와 있는 지식이 양적으로나 질적으로 부족하거나 협소하지 않기 때문이다.

복잡함이나 난해함으로부터 배울 수 없다

다시 한번 말하지만, 청소년들이 교과서에서 다루지도 않는 복잡하고 난해한 철학이론이나 개념들을 억지로 익히거나 배울 필요는 없다! 필요성이 적을 뿐만 아니라, 실제로 청소년들에게 크게 도움이 되지도 않는다. 교과서에서 청소년들에게 요구하는 것은 이미 배운 지식을 구조화하고 이를 실제로 적용해보는 것이다. 즉 기본적인 개념과 일정한 구조와 체계를 활용해 여러 가지 사회현상이나 철학자들의 사유를 이해하고, 그 이해의 바탕 위에서 실제 상황에 적용한 다음 자신의 생각을 전개하는 것을 목적으로 한다는 것이다. 지금도 일부의 대학에서 실시하고 있는 '논술고사'의 핵심은 바로 여기에 있다. 현재 고려대학교에서는 논술고사를 실시하지 않고 있지만, 필자가 출제위원으로 참여했던 고려대학교 논술고사에서 가장 핵심적인 평가기준이라 할 수 있는 '학생들의 사유능력'은 철학적인 개념이나 내용에 대한 단순 암기와는 아무런 관련이 없는 것이었다. 한마디로 논술시험은 얼마나 많이 알고 있는가를 평가하는 것이 아니라 제시문을 통해 이해한 개념을 바탕으로 자신의 선택을 결정(주장)하고 그 이유를 설명(근거)할 수 있는지를 확인하는 것이었다. 그래서 출제 의도에 "교과 과정을 잘 이수한 학생이라면 누구나 풀 수 있도록 출제했다."고 말할 수 있었다.

교과서에는 '대립'이 있을 뿐, '선악'은 없다

우리는 살아가면서 갈등의 순간들을 매번 흔하게 접하게 된다. 중국 음식점에서 음식을 주문하는 경우에도, '짜장면이냐 짬뽕이냐?' 심지어 탕수육을 시켰을 때 그 먹는 방식으로도 '부먹(소스를 부어서 먹느냐!)'과 '찍먹(소스에 찍어서 먹느냐!)'으로 갈린다. 그 결과 언제나 나와 같은 선택을 하는 '나의 편'과 나와 반대의 선택을 하는 '남의 편'으로 나뉜다. 이러한 '편 가르기'를 반드시 나쁘다고 할 수만은 없다. 인간은 사회적 동물이고 당연히 어떤 집단에 소속되어 살아가기 마련이다. 누구나 자신과 비슷한 무리 속에 속해 있을 때 심리적 안정감을 얻을 수 있기 때문에 내 편인 사람들과는 함께 지내고 싶어 하고 내 편이 아닌 사람들에게는 회의적인 시선을 보내는 것은 이상한 일이 아니다. 오히려 상식적인 일이라고 할 수 있다. 편 가르기가 우리 사회에서 좋지 않은 쪽으로 받아들여지는 이유는 내 편이 아니면 '적(敵)'이라고 분류되는 극단적인 이분법으로 표출되기 때문일 것이다. 이는 다양한 사회 문제를 유발한다.

우리는 정치적으로 보수적인 사람이 될 수도 있고, 진보적인 사람이 될 수도 있다. 편이 나누어지고 대립이 격해질 수도 있지만, 이런 상태 자체는 현상적으로도 논리적으로도 아무런 문제가 없다.

하지만, 다음과 같은 상황에서 문제가 생겨난다. 예를 들어, 국민의 대표를 선출하는 선거를 앞두고 있을 때 보수 진영의 사람이 진보 진영에 대해 '나라의 미래도 생각하지 않고 아무 논리 없이 자기 진영의 당선을 위한 표 계산에만 치우쳐 선심성 공약을 남발하는 포퓰리스트들'이라고 비난하거나, 반대로 진보 진영의 사람이 보수 진영을 향해 '부패하고 비리를 일상처럼 저지르며 민심도 제대로 읽지 못하는 기득권층'으로 싸잡아 비난한다고 해보자. 문제는 '앞날도 생각하지 않고 아무 논리 없이 자기 진영의 당선을 위한 표 계산에만 치우쳐 선심성 공약을 남발하는 포퓰리스트들'라는 말이 옳다고 하더라도 이는 보수 진영의 논리가 옳다는 근거가 될 수 없다는 것에 있다. 이는 진보 진영의 주장에 문제가 있다는 것을 드러냈을 뿐, 보수 진영의 논리가 옳다는 주장의 근거가 아니기 때문이다. 반대의 경우에도 마찬가지이다. '부패하고 비리를 일상처럼 저지르며 민심도 제대로 읽지 못하는 기득

권층'이라는 말이 옳다고 하더라도 이것이 진보진영의 논리가 옳다는 근거가 되지는 못하는 것이다. 어느 쪽에서도 자신의 허물은 보려 하지 않고 상대의 허물만 들추려고 하는, 편 가르기 식 비난은 누구에게도 도움이 되지 않고 생산적인 논의로 이어지지 않는다.

생산적인 논의로 이어지기 위해서는 자신이 선택한 것이 얼마나 매력적인 것인가를 알려주어야 한다. 즉, 옳고 그름 또는 선악의 문제가 아니라 양립할 수 없는 매력 중에서 무엇을 어떠한 근거로 선택할 것인가가 중요하다는 이야기다.

예를 들어서 다음과 같은 대결 구도가 있다.

시골의 한적하고 평화로운 모습	VS	빠르게 변하는 도시의 모습
경쟁을 통해 얻는 효율성	VS	협력을 통해 얻는 형평성
효율성의 증대로 얻는 풍요로움	VS	형평성의 재고를 통해 얻는 조화로움
기존의 질서와 공동체가 주는 안도감	VS	새로운 것을 받아들이는 유연성과 통제로부터 자유로운 공동체

좌측과 우측에 있는 둘은 결코 양립할 수 없다. 하지만 어느 것도 반드시 옳다고 이야기할 수 있는 것은 없다. 다만 선택을 하는 사람이 어디에 방점을 두고 선택하느냐는 그 사람이 앞으로 어떤 식으로 생각하고 살 것인가를 결정할 뿐이지 그 결정에 옳고 그름은 없다.

그렇다면 우리 교과서에서는 이 문제에 대해 어떤 접근방법을 선택하고 있는가? 편을 나누고 있지는 않은가? 편을 나누더라도 정말 '교과서'적으로 문제를 바라보고 있는가?

다음의 글을 읽어보자.

여러분은 카이레폰을 알고 있을 것입니다. 그는 일찍부터 내 친구였고 여러분의 벗이었습니다. 그는 델포이*로 가서 대담하게도 다음과 같은 신탁(神託)*을 자신에게 말해달라고 요구했습니다. 그는 나(소크라테스)보다 현명한 사람이 있는가 하는 신탁을 구했던 것입니다. 델포이의 무녀는 더 현명한 사람은 없다고 대답했습니다.

내가 왜 이야기를 할까요? 여러분에게 왜 내가 악명을 얻게 되었는지 설명하고자 하기 때문입니다. 이 신탁을 듣고 '신의 이 말은 무엇을 뜻하는가? 신의 수수께끼를 어떻게 해석할 것인가' 하고 자문해보았습니다. 왜냐하면 나는 크든 작든 간에 내 지혜가 부족하다는 것을 알고 있기 때문입니다. 내가 가장 현명한 사람이라고 말했을 때 신은 무슨 말을 하려던 것일까?하고 생각했습니다. 왜냐하면 그는 신이고 따라서 거짓말을 할 수는 없는 일입니다. 거짓말은 신에게는 어울리지 않는 일입니다. 오랫동안 숙고하여 이 문제를 풀 방법을 생각해냈습니다. 나보다 현명한 사람을 찾기만 하면 반증을 갖고 신에게 갈 수 있으리라고 말입니다. "여기에 나보다 현명한 사람이 있습니다. 그런데 당신은 내가 가장 현명하다고 말했습니다." 하고 말할 것입니다.

그래서 현명한 사람이라는 사람들의 평가를 듣고 있는 한 사람을 찾아가서 관찰했습니다. 그는 정치가였습니다. 그렇게 관찰한 결과는 다음과 같습니다. 나는 그와 대화를 시작하자마자 많은 사람이 그를 현명하다고 생각하고 자기 자신도 스스로를 매우 현명하다고 생각하고 있지만, 사실 그는 현명하지 않다는 생각을 멈출 수가 없었습니다. 그래서 나는 그가 현명해 보일 뿐 사실은 현명하지 않다는 것을 그에게 설명하려고 노력했습니다. 그런데 그 결과 나는 그의 미움을 샀고, 그 자리에 동석해서 내 말을 듣고 있던 사람들도 내게 적의를 갖게 되었습니다. 그래서 나는 그와 헤어져 돌아오면서 생각했습니다, 그 사람도 나도 아름다움이나 선함을 사실상 모르고 있지만, 그래도 나는 그보다는 현명하다고. 왜냐하면 그는 아무것도 모르면서 알고 있다고 생각하지만, 나는 모르면 모른다고 생각하기 때문입니다. 따라서 모른다는 것을 알고 있다는 점에서 나는 그보다 약간 우월한 것 같습니다. 그리고 나는 이 사람보다 현명하다고 알려져 있는 다른 사람을 찾아갔지만 결론은 마찬가지였습니다. 그렇게 해서 나는 그와 그 밖의 많은 사람을 적으로 만들었습니다.

- 플라톤, 《소크라테스의 변명》 중에서

이 이야기가 앞의 물음에 대한 '해답'이 될 수 있을 것이다.

이야기의 내용은 간단하다. 소크라테스는 스스로를 가장 현명하다고 했던 신탁의 의미를 이해하기 위해서 현명한 사람들을 찾아다녔다. 스스로를 현명한 사람이라고 생각하지 않는 소크라테스는 자기보다 현명한 사람을 찾은 다음 신에게 신탁의 의미가 무엇인지를 묻겠다는 생각을 가지고 있었다. 하지만 현명한 사람들을 찾아다니는 과정에서 소크라테스는 현명한 사람이라고 알려진 사람들이 실제로는 현명하지 않다는 사실을 깨닫게 되었고 그 결과 여러 사람들로부터 비난을 받게 되었다는 것이다.

결국 신탁의 의미는 자신의 부족한 부분을 인정하지 않는 '현명한 사람'들이 자신의 부족함을 인정하고 배우려는 자세를 가진 소크라테스보다 어리석다는 것이 된다. 교과서 역시 이와 같다. 교과서에서는 어떤 선택을 하든 선택을 존중한다. 그 선택에 대해서는 선악이라는 이분법으로 나누지 않는다. 다만, 긍정적인 측면과 부정적인 측면을 모두 보여줄 뿐이다. 이는 아마도 스스로의 선택이 중요하지만, 그 선택에서 부족한 부분이 있으면 이를 인정하고 배우려는 자세가 필요하다는 의미일 것이다. 지식, 즉 아는 것은 힘이다. 하지만, 자신이 모른다는 사실을 아는 것이 현명함이라는 의미는 아닐까?

정반대 편에 서 있는 두 개의 '정답'

지금까지 다양한 내용의 인문학 강의를 하면서, 언젠가는 청소년을 비롯하여 생각이 성숙하지 않은 사람들에게 이야기하고 싶은 것이 있었다. '우리 사회 속에서 둘로 나눠진, 지향하는 바가 전혀 다른 두 가지 양상이 어떻게 정착하게 되었을까?'라고 하는 것과 적대 관계에 있는 듯한 두 가지 양상이 서로 다르다고 해서, '하나는 옳고 다른 하나는 그르다! 라고 손쉽게 판단할 수 있느냐?'는 것이었다. 그 출발점에서 서로 다른 양상이 전개되어, 적대적으로 보일 정도로 달라진 모습은 어떻게 발전하게 되었을까? 이런 부분을 정확하고 제대로 이해하게 된다면, 아마도 우리가 만드는 미래는 보다 아름다울 수 있지 않을까 하는 희망을 품고 있었기 때문이다.

올바르게 사유를 하는 방법을 배우게 된다면, 우리는 자신이 선택한 사안에 어떤 문제점이 있는지, 그리고 문제점이 있음에도 불구하고 내가 그것을 선택한 이유가 무엇인지에 대해 정확하게 이해하고 확인할 수 있을 것이다. 아울러 다른 사람의 생각을 들여다보고, 이를 통해 자신을 성찰할 수 있는 기회를 갖게 된다. 뿐만 아니라, 다른 사람이 선택한 것은 내가 선택한 것보다 합리적 사고를 진행하는 하나의 모델이 될 수도 있음을 알게 된다. 나아가 교과의 목표인 '성숙하고 민주적인 시민의식의 함양'에도 기여할 수 있을 것이다. 성숙하고 민주적인 시민의식에서 가장 중요한 것은 자기가 싫어하는 사상이나 자신이 보기에 틀렸다고 생각하는 사상도 함부로 짓밟거나 무시하지 않고, 다름을 인정함으로써 그 사상을 허용하고 공존 공생의 길을 찾는 것일지도 모른다. 여러분들과 내가 배우는 교과서는 어쩌면 우리가 배운 지식을 갈고 닦아서 스스로의 부족함을 깨닫고 나와 다른 의견을 가진 상대를 존중하고 이해하는 길을 알려주려고 하는 것일 수도 있기 때문이다.

지금 우리는 대립과 반목이 난무하고 서로를 혐오하며, 그것을 반복하는 사회에 살고 있다. 하지만 나는 절망하지 않는다. 결코 희망의 끈을 놓지 않는다. 진정으로 소망한다. 우리가 현명하고 슬기롭게 서로 이해하고, 의견을 조정하며, 때로는 냉정하게 참아가면서, 사회를 가꾸어가는 인간으로 성장하기를 희구한다. 그런 마음을 이 책에 실어본다.

'합리적 사고'는 키워드의 연결 과정

이 책에는 사유를 위한 12개의 핵심 키워드가 제시되어 있다. 이 키워드들을 관통하는 토픽(topic)은 '합리(合理)'이다. 합리는 '이성(理性)'과 직결되는 상황이기도 하지만, 유학의 용어인 '합어리(合於理)'에서 빌려왔다. 합어리는 간략하게 말하면, '존재의 결에 맞느냐'에 관한 담론이다. 그것은 우리의 사유가 얼마나 올바르고 타당한지, 세상과 인간 사회의 이치에 부합하는지에 관한 고민이다. 동시에 이것은 지금 현재 우리가 살고 있는 시대에 우리의 삶이 얼마나 잘 부합하고 있느냐에 대한 고민을 나타내기도 한다. 결국 우리가 살고 있는 사회에 대한 가장 합리적인 사고를 통해 가장 합리적인 사회를 만들자는데 그 목적이 있다고 하겠다.

인간의 선천적 본성이라는 인성론의 바탕 위에서 우리 사회가 지향하는 바를 합리적으로 사유하는 방법을 살펴보고자 한다. 그 과정에서 사회에서 문제가 발생했을 때 해결하는 방법에 대한 차이, 중심을 두고 있는 사회적 가치의 상이함, 그리고 국가의 역할에 대한 입장 등을 정리해 볼 것이다. 이를 살펴보기 위한 6개의 쌍으로 이루어진 12개의 키워드는 다음과 같다.

① 성선설과 성악설

② 자유와 평등

③ 경쟁과 협력

④ 효율성과 형평성

⑤ 시장자율론과 정부간섭론

⑥ 조화로운 사회와 풍요로운 사회

이외에도 수많은 삶의 키워드가 존재하지만, 교과서를 바탕으로 사유의 방식과 합리적인 사고의 한 가지 방식을 정리한다는 기준에 맞춰 우선적으로 12개의 키워드를 골라 보았다. 우리는 각각의 키워드가 의미하는 바는 무엇인지, 그리고 키워드들은 실제로 어떻게 사용되고 있는지, 그리고 그 키워드들을 이해하기 위해서는 어떤 방식의 접근이 요구되는지도 알아볼 것이다. 12개의 키워드들은 때로는 상호 대립하고 때로는 상호 연합한다. 하지만 실제로 우리의 생활 속에서 그것을 분명하게 구분하고 감지하는 일은 약간의 수고로움을 요구한다. 그래서 이 책에서는 그것들이 어떤 양상으로 대립하는지, 그리고 어떤 식으로 연합하는지를 몇 가지 사례를 통해서 살펴볼 것이다. 한 가지 분명한 것은 키워드의 내용에 대한 이해만큼이나 키워드와 키워드의 연결 과정이 중요하다는 사실이다. 아마도 합리적인 사고가 필요한 부분은 키워드의 이해보다는 키워드의 연결 과정에 대한 '이해'일 것이다.

책의 주요내용과 구성

이 책은 성선설과 성악설에 대한 이해를 바탕으로 우리가 지향하는 사회가 어떤 모습인지를 생각해 보는 것에 초점을 맞췄다. 이 주제를 선택하게 된 가장 중요한 이유는 교과목의 많은 부분을 포함하고 있기 때문이었다. 그리고 나름대로는 어느 정도까지 구조화할 수 있을 것이라고 판단했기 때문이다.

우리가 배우는 지식은 구조화를 통해 보다 넓은 이해로 나아가게 된다. 지식은 구조화된 이후에야 사유를 통해 활용할 수 있을 뿐만 아니라, 비로소 사유의 힘도 느낄 수 있기 때문이다. 우리가 배우고 익힌 개념과 구조는 사유를 전개하기 위해 필요한 도구와 같다. 체계를 갖추지 못한 개념들은 대부분은 산만하기 마련이다. 이런 상태에서는 아무런 힘을 발휘할 수 없다. 그래서 개념의 이해를 통해 효율적인 체계를 갖추는 일은 우리가 논리적인 사고를 진행하기 위한 전제 조건이라고 할 것이다.

이 책에 나오는 12개의 키워드는 전체의 흐름을 이해하기 위한 논리적 장치이다. 키워드 각각의 개념에 대한 이해는 현실적인 상황 속에서 어떤 긍정적인 측면과 부정적인 측면을 갖는지에 대한 설명을 통해 이루어질 것이다. 대립되는 두 개념의 긍정적인 측면과 부정적인 측면을 모두 살펴본 후에 우리에게 남겨지는 문제는 '선택'이 될 것이다. 그리고 대립하고 있는 '두 개의 정답' 중에서 '스스로의 선택'이 정답인 이유를 설명할 수 있으면 그것으로 충분하다고 생각된다. 나의 선택, 즉 내가 스스로 선택한 정답에 어떤 문제가 있음에도 불구하고 그것이 하나의 '해답'이 되는 이유는 이 책을 읽는 독자들이 스스로 생각해낸 것이기 때문이다. 책은 다음과 같은 순서로 이루어질 것이다.

인간의 선천적 본성

이념

문제를 해결하는 방식

사회적 가치

국가의 역할

지향하는 사회의 모습

차례

첫 번째 단짝
키워드

01

인간의 선천적 본성

성선설과 성악설

인간의 선천적 본성

성선설과 성악설

이 장에서는 인성론, 즉 '인간의 선천적 본성'에 대해서 이야기를 할 것이다. 인간의 선천적 본성에 대한 탐구는 결국 그 사회가 어떤 지향을 갖고 있느냐의 문제로 귀결된다. 인간의 본성을 어떻게 보느냐에 따라서 우리가 지향하는 사회의 모습이 달라지기 때문이다. 왜 그런 것일까? 어쩌면 전혀 관계가 없을 것 같은 이같은 사실은 여러분이 이 책을 읽어 나가면서 하나씩 이해하게 되고, 인간의 선천적 본성에 대한 탐구에서 합리적인 사고의 처음이 시작된다는 것을 알게 될 것이다. 하지만 처음부터 억지로 인간의 본성에 대한 이해가 지향하는 사회의 모습과 관련이 있다고 해서 처음부터 '성선설 → 조화로운 사회,

성악설 → 풍요로운 사회'라는 식으로 억지로 암기할 필요는 없다. 단순한 사실에 대한 요약이나 암기는 이 책의 목적도 아니며 도움도 되지 않기 때문이다. 미리 말해 두자면 이 책에서 말하는 합리적인 사고는 '성선설 → 조화로운 사회, 성악설 → 풍요로운 사회'라고 정리된 '팩트'가 아니라 처음부터 마지막에 도달하기까지의 과정이나 '맥락'이라고 할 수 있겠다.

인간의 선천적 본성은 선하다

인간의 선천적 본성, 즉 인성론과 관련된 논쟁은 중국의 고대 철학에서 가장 활발했던 논쟁 중 하나였다. 이미 잘 알고 있는 것처럼 맹자는 성선설을 주장했고 순자는 그 반대편에 서서 성악설을 주장했다. 그리고 고자는 성무선악설을 주장했다. 당시에 전개되었던 인성론에 관한 다양한 논쟁은 기본적으로 우리가 생각하는 것처럼 순수하게 철학적인 논쟁이 아니었다. 왜냐하면 인성론은 다분히 정치적이고 사회적인 함의를 가진 채로 진행되었기 때문이다.

맹자의 성선설, 즉 인간의 선천적 본성이 이타적이라는 주장은 국가 공권력의 적극적인 개입이나 강압적인 교육 없이도 사람들이 스스로 이타적인 행동할 수 있다는 것을 의미한다. 지식인들이 이후에 맹자의 성선설을 중앙집권적 권력이나 국가 공권력의 확대에 반대하는 자신들의 논리를 정당화하는 근거로 활용한 것은 자연스러운 일이었다.

'인간은 선한 본성을 가지고 있기 때문에 자율적으로 선해질 수 있다.'
는 그들의 믿음은 외부의 개입이나 강압이 없어도 사회질서를 유지할
수 있다는 생각으로 이어졌기 때문이다.

사람의 본성이 선한 것은 물이 아래로 흘러내려가는 것과 같다.
낮은 곳으로 흘러내려가지 않는 물이 없듯이 그 본성이 선하지
않은 사람은 없다. 지금 물을 손으로 쳐서 사람의 이마 위로 튀어
오르게 할 수가 있고, 또 거세게 흘러가게 한다면 산에라도 올라
가게 할 수가 있다. 그러나 그것은 물의 본성이 아니다. 물에다 외
부의 힘을 가하면 그렇게 되는 것이다. 사람이 선하지 않은 일을
할 수 있는 것은 그 본성 또한 이와 같이 바깥으로부터 영향을 받
기 때문이다.

·······(중략)······

타고난 성정을 그대로 좇으면 누구나 선하게 될 수 있다는 것이
내가 선하다고 말한 까닭이다. 선하지 않은 행위를 하는 경우도
있지만 그건 타고난 성질이 잘못되었기 때문이 아니다. 불쌍히
여기는 마음은 사람이면 누구나 가지고 있으며, 부끄러워하는 마
음은 사람이면 누구나 가지고 있으며, 공경하는 마음은 사람이면
누구나 가지고 있으며, 옳고 그름을 분별하는 마음은 사람이면 누
구나 가지고 있다.

불쌍히 여기는 마음인 측은지심(惻隱之心)은 인(仁)의 실마리이고, 부끄러워하는 마음인 수오지심(羞惡之心)은 의(義)의 실마리이며, 공경하는 마음인 공경지심(恭敬之心)은 예(禮)의 실마리이고, 옳고 그름을 분별하는 시비지심(是非之心)은 지(智)의 실마리이다. 인의예지(仁義禮智)는 밖에서 안으로 밀고 들어온 것이 아니라 내 자신에게 본래부터 있던 것이다. 사람들이 이것을 생각하지 않고 있을 뿐이다. 그래서 '구하면 얻고, 버리면 잃는다!'라고 말하는 것이다.

-《맹자》〈고자 상편(上篇)〉 중에서

옛날부터 학자들은 서양이나 동양을 막론하고 인간의 본성에 대한 관심이 매우 깊었다. 그 본질적 내용과 관점도 비슷한 점이 많다. 서양에서 성선설을 표방한 대표적 사상가는 루소(Jean Jacques Rousseau, 1712~1778)이다. 루소는 《에밀》에서 "조물주의 손에서 나올 때 모든 것은 선하였으나, 인간의 손에 들어갈 때 타락해진다."라고 말하고 있다. '선(善)'에 대한 구체적인 정의나 관점에 대한 견해의 차이는 있겠지만, 루소의 주장 역시 인간의 타고난 본성은 선하다는 것이다. 루소는 《사회계약론》 첫 장에서도 "인간은 자유롭게 태어났다. 그런데 인간은 어디서나 쇠사슬에 묶여 있다."고 주장함으로써 자연 상태의 인간은 선하고 자유로웠지만, 성장하면서 부딪히는 사회적 환경 때문에 인간은 타고난 본성을 잃고 이기심과 경쟁심, 불평등에 눈뜨게 된다는 자신의 생각을 분명하게 드러냈다. 루소는 인간을 식물에 비유하기도 했는데 이는 어른들이 아이를 잘못 가르치지만 않는다면 아이들은 올바른 방향으로 자연스럽게 성장한다는 것이었다.

인간의 선천적 본성은 악하다

반면 성악설을 내세웠던 순자는 인간의 선천적 본성이 이기적이라고 했다. 국가 공권력이나 교육제도를 통해 사람들을 선한 방향으로 이끌어야 한다는 믿음을 가진 지식인들은 순자의 성악설을 통해 자신들의 주장을 정당화했다. 이후에 순자의 성악설이 한비자의 법가 사상으로 연결된 것은 자연스러운 귀결이다. 그들은 국가 공권력이나 외부의 간섭이 없을 경우에 정치, 사회적인 무질서를 초래할 것이라고 생각했기 때문이다.

사람의 본성은 악하며 그것이 선하다고 하는 언급은 인위적인 것을 뜻한다. 지금 사람의 본성은 나면서부터 이로움을 좋아하는 것이 있는데, 이를 따르기 때문에 쟁탈이 생겨나고 사양하는 것이 없어진다. 나면서부터 미워하고 싫어하는 것이 있는데 이를 따르기 때문에 잔인하게 해치는 짓이 생기고 충실과 신뢰가 없어진다. 나면서 눈과 귀의 욕망을 갖고 있어서 소리와 색깔을 좋아하는데,

이를 따르기 때문에 도리에 어긋나고 어지럽히는 일이 일어나고 예의와 문리가 없어진다. 그러므로 사람의 본성을 따르고 사람의 정을 따른다면 반드시 쟁탈로 나아가게 되어 분수를 무시하고 이치를 어지럽히는 데로 합쳐져 난폭함으로 귀결된다.

따라서 반드시 장차 스승의 법도에 따른 교화와 예의의 도리가 있어야 한다. 그런 후에야 사양으로 나아가고 문리에 합치되고 다스림으로 귀결된다. 이것으로써 살펴본다면 사람의 본성이 악한 것은 분명하며, 그것이 선하다는 언급은 인위적인 것이다. 굽은 나무는 반드시 도지개에 넣거나 불에 쬐어 바로잡은 연후에 곧게 되고, 무딘 쇠붙이는 반드시 숫돌에 간 뒤에 날카롭게 된다. 이제 사람의 악한 본성은 반드시 스승이나 법도를 기다린 후에 바로잡히며 예의를 얻은 후에 다스려진다.

······(중략)······

어떤 이가 묻기를, "사람의 본성이 악하다면 예의가 어떻게 생기는가?" 하였다. 이에 대답한다. 예의란 성인의 인위에서 생기는 것이지 사람의 본성에서 생기는 것이 아니다. 예컨대 도공은 진흙으로 그릇을 만드는데, 그릇은 도공의 인위적 작업에서 생기는 것이지 사람의 본성에서 생기는 것이 아니다. 예컨대 공인은 나무를 잘라서 기구를 만드는데, 기구는 공인의 인위적 작업에서 생기는 것이지 사람의 본성에서 생기는 것이 아니다. 성인은 사려

를 축적하고 인위적인 일에 익숙하여 예의를 만들고 법도를 일으
킨다. 그렇다면 예의와 법도는 성인의 인위적 작업에서 생기는
것이지 사람의 본성에서 생기는 것이 아니다.

저 눈으로 색을 좋아하고 귀로 소리를 좋아하며 입으로 맛을 좋
아하고 마음으로 이익을 좋아하며 육체와 피부로 편안함을 좋아
하는 것은 모두 사람의 성정(性情)에서 생기는 것으로 느껴서 스
스로 그러한 것으로 일삼기를 기다린 후에 생기는 것이 아니다.
느껴도 그러하지 못하는 것은 반드시 일삼는 것을 기다린 후에
그렇게 되는 것인데 이를 일러 '인위'라고 한다. 이것이 본성과 인
위가 생기는 근거인데, 이는 서로 다른 징표이다. 따라서 성인은
본성을 변화시킴으로써 인위를 일으키고, 인위가 일어나자 예의
를 만들었고, 예의가 생기자 법도를 제정하였다.

- 《순자》〈성악 편〉중에서

동양의 순자처럼 서양에서도 인간이 이기적으로 태어났다는 주장을
펼친 사람들이 있었는데, 이들 가운데 가장 두드러진 사상가가 홉스
(Thomas Hobbes, 1588~1679)이다. 홉스는 인간이라는 존재에 대해 매
우 부정적인 생각을 갖고 있었다. 인간은 폭력적이고 경쟁심이 강한
존재이기 때문에 끊임없이 '투쟁' 속에서 살아갈 뿐만 아니라, 오직 자
신의 이익에만 관심이 있다고 주장했다. 홉스는 인간이 기본적으로 이

타적이라거나 '선하다'는 생각에 대해 냉소적인 태도를 취했던 것으로 유명했다. 이에 대한 유명한 일화가 전해진다.

인간은 이기적인 존재라고 주장하고 다니던 홉스가 어느 날 길거리에서 구걸하던 거지에게 적선을 하는 모습이 목격되었다.

"당신은 어떻게 해서 거지에게 동정하는 마음을 갖게 되었나요?"

그 장면을 목격한 어떤 물음에 홉스는 다음과 같이 말했다.

"나는 거지를 동정하거나 그를 돕기 위해 적선을 한 것이 아닙니다. 단지 빈곤한 모습의 거지를 보면서 불편함을 느낀 내 마음을 편하게 하려고 적선을 한 것일 뿐입니다."

홉스의 말처럼 성악설을 추종하는 사람들조차도 인간은 누구나 어려운 사람을 보면 친절을 베풀고 도움을 제공하려는 자비로운 마음이 있다는 사실을 인정한다. 하지만, 그들은 그런 행동이나 마음은 인간이 지닌 여러 가지 성격들 중에서 가장 약하고 불안정한 충동에서 비롯된 것일 뿐, 그 근본에는 대단히 이기적인 인간의 본성이 자리하고 있음을 알게 될 것이라고 주장했다. 재미있는 사실은 "모든 인간의 동기는 궁극적으로 이기적이며 순전히 자신의 이익만을 추구한다."는 이들의 주장이 현대적인 경제학이나 심리학의 기초를 이루는 하나의 가정이라는 것이다. 그리고 우리 사회의 정치 뉴스에 자주 등장하는 '법치주의' 역시 그 연장선에서 이해할 수 있다. 법치주의는 사회 구성원의 일상생활을 통제하고 규제하는 방식으로 사회를 운영하는 것이다. 이는 인간의 본성이 이기적이기 때문에 강력한 규제와 처벌을 통해서 사회를 운영했을 때 비로소 우리 사회의 질서가 올바르게 설 수 있다는 주장에 근거를 두고 있다. 그런데 사회 운영을 규제와 처벌에 의존하게 되면 사회의 질서가 바로 설 수는 있겠지만, 한편으로는 사회구성원들이 스스로 자신의 행동기준을 마련하는 것이 아니라 외부로부터 주어진 규율에 순응하게 됨으로써 자발적으로 행동의 기준을 설정할 수 있는 기회를 박탈당하게 된다. 이는 미래에도 사회가 지속된다는 관점에서 보자면, 사회 전체의 조화로운 발전을 가로막는 걸림돌이 될 수 있다.

인간에게 선천적 본성은 정말 존재할까?

이상에서 동양과 서양에서 진행된 성선설과 성악설에 대한 견해를 살펴보았다. 여기서 중요한 사실은 성선설이나 성악설의 '선'과 '악'이라는 윤리적 문제 그 자체가 아니라 결과적으로는 동양적 관점의 '치란(治亂)', 즉 혼란한 세상을 다스린다는 정치적인 문제를 전제하고 있었다는 것이다. 다음의 글은 이 문제에 대한 보다 구체적인 이해를 도울 것이다.

인간에게 선천적 본성이 있는가? 만일 있다면 과연 어떤 성질을 지니는가? 이러한 물음에 대해서는 동서양 모두 먼 옛날부터 다양한 답변이 제시되어 왔다. 오랜 세월 동안 인간 본성은 신에 의해 부여된 것으로 간주되었으며, 더러 우주적 에너지와 연관성을 갖는 것으로 주장되기도 했다. 그리고 근대에 들어와 진화론의 영향으로 인성(人性)의 생물학적 기초에 대한 이론적 탐구가 활발하게 이루어지고, 특히 최근에는 생명체를 구성하는 극히 미세한 단위에 대한 연구가 가능해지면서 유전자 수준에서 인성을 논하는 시도까지 등장하고 있다. 그렇지만 유전자의 '이기적 성격' 혹은 '이타적 성격'에 관한 이론을 고도로 복잡한 생명체인 인간과 그러한 인간들이 모여 사는 사회에 즉각적으로 적용하는 것에 대해서는 논리적 비약의 문제도 있는 만큼 주도적인 유전자결정론자들을 포함해 대부분의 연구자들이 아직은 유보적인 태도를 보이고 있다.

전통적인 인성론이든 유전자 연구에 기초한 최신 이론이든, 복잡 다양한 인간의 품성을 한 가지 성질로 환원하여 논하는 데에는 근본적으로 무리가 따를 수밖에 없다. 실제에 있어 선험론이나 환원론의 비합리성 혹은 그것에 내재한 정치적 의도를 이유로 반대하는 주장은 예로부터 제기되어 왔다. 그리하여 한편에서는 인간의 이기적 성품을 암시하거나 강조하는 것에 대해 억압적 지배체제를 정당화하는 데 이용될 뿐이라고 비판하는가 하면, 다른 한편에서는 인간의 이타적 성품을 낙관하고 신봉하는 것이 방임적 교육을 조장하고 사회적 혼란을 가중시키는 폐해를 낳는다고 경고하기도 하였다. 인간의 품성이란, 말하자면 어느 방향으로나 흐를 수 있는 물, 어떤 모양으로도 조각될 수 있는 나무토막, 어떤 그림도 그려질 수 있는 백지 등과 같은 것이므로 경험적, 환경적 요소가 더 중요하다는 것이다.

하지만 이런저런 맹점들에도 불구하고 인간 존재의 근원에 대한 좀더 견고한 지식을 얻고자 하는 뿌리 깊은 열망은 인간의 본성을 '선' 혹은 '악' 어느 한 쪽에 두고자 하는 논리에 여전히 더 큰 매력을 느끼게 하는 듯하다. 유전자의 성격에 관한 연구자들의 논의가 특정한 인성론으로 귀결되는 경향이 있음은 부정할 수 없는 현실이며, 이렇게 형성된 가설적 인성론은 오늘날 대중들 사이에서 작지 않은 영향력을 발휘하는 지적 흐름이 되어 있다. 이러한 현상은 결코 일시적인 유행으로 치부될 수 없으며, 실은 세심히 눈여겨 볼 필요가 있다. 왜냐하면 인간의 본성에 관한 논의가 단순한 지적 호기심의 충족에서 그치는 것이 아니라 인간이 모여 살아가는 사회를 어떤 원칙 위에서 조직하고 운영할 것인가 하는 문제는 물론, 사회 구성원인 개개 인간을 어떤 방식으로 교육할 것인가 하는 문제와도 직접적으로 연관되어 있기 때문이다.

예컨대 교육적 차원에서 볼 때 인간 본성에 관한 대중사회 내의 지적 흐름은, 그 합리성 여부와 관계없이, 바람직한 교육을 위한 방향 설정에 중대한 영향을 미칠 수 있다는 점에서 각별한 주목을 요한다. 인간을 본성상 선량하고 이타적이며 협동적인 존재로 볼 경우 교육의 방향은 그와 같은 성품을 계발하고 극대화시키는 한편, 그 성품을 오염시킬 수 있는 환경적 요인들을 차단하는 데에 강조점을 두게 마련일 것이다. 반면 인간의 본성을 사악하고 이기적이며 공격적, 쟁투적인 것으로 볼 경우 교육의 초점은 그러한 성품을 억제하고 교정하는 동시에, 사회 유지와 공공선을 위해 양보심과 협동정신을 습득하도록 유도하는 데에 맞춰질 것이다. 이렇게 피교육자인 인간의 본성을 어떻게 인식하느냐에 따라 교육의 구체적인 방법과 내용은 달라질 수밖에 없다.

2010년 인하대학교 모의 논술

이 글의 내용을 간단하게 정리해 보자. 인간의 선천적 본성에 대해서 지금까지 다양한 답변이 제시되었지만, 다수의 사람들이 유보적 태도를 취하고 있으며 오히려 경험이나 환경이라는 후천적 요인이 인간의 품성 형성에 중요한 영향을 미친다는 사실을 알려준다. 한마디로 인간의 선천적 본성을 선이나 악, 어느 한쪽으로 규정할 수 없다는 것이다. 그럼에도 불구하고 선이나 악 어느 한쪽을 선택해야 하는 이유에 대해서 그 선택에 따라 사회를 조직하고 운영하는 원칙, 그리고 사회 구성원 개개인에 대한 교육 방식이 결정되기 때문이라는 것이다.

인간의 이기심과 투쟁의 본성, 그리고 그에 대비되는 이타적이고 자비로운 본성에 대해서는 최근까지도 많은 연구가 이루어지고 있으며 인간의 본성을 설명하는 두 가지 관점은 사회현상을 이해하는 서로 다른 주장과 이론으로 발전해 나아갔다. 인간의 본성에 대한 두 가지 관점의 대비, 또는 서로 다른 관점의 인식은 결과적으로 사회경제적 발전에 관한 이해, 즉 어떤 모습의 사회를 지향할 것인가의 문제로 나아가게 되었다.

성선설과 성악설에 대한 이제까지의 설명과 이해를 바탕으로 유추해 보자면, '인간의 본성이 이타적이다.'라고 보는 쪽에서는 그 선한 본성을 해치지 않는 자율적 방식으로 사회를 조직하고 운영해야 한다고 주장할 것이다. 반면, '인간의 본성이 이기적이다'라고 보는 쪽에서는 엄격한 규율과 처벌로써 사회가 조직되고 운영되어야 한다고 주장할 것이다. 그렇다면 여기에 더해 사회적, 경제적으로는 어떤 발전 과정을 거치고 어떤 사회의 모습을 지향하게 되는 것일까?

먼저, 인간의 이기심을 강조하는 입장은 자신의 경제적 이익을 추구하는 개개인은 자율적으로 형성되는 '시장'을 신뢰하고 시장의 기능을 최대한 활성화하는 것이 바람직하다는 이론을 발전시켜 나갔다. 이기적인 개인들은 자신의 욕구를 실현하기 위해서는 경쟁을 피할 수 없으며 그 경쟁에서 이기기 위해서 보다 합리적인 방안을 구상하게 된다. 그 과정에서 개인들은 자신이 속해 있거나 자신이 소유하고 있는 기업에 대한 혁신을 꾀하게 된다. 이들은 자신이 목표로 하는 수익을 창출하기 위해 지속적으로 새로운 기술을 도입하거나 이를 학습하게 된다. 그 결과 기업은 물론 생산자와 소비자 모두의 이익을 극대화할 수 있다. 이는 궁극적으로 자본주의 경제의 순기능으로 연결된다. 이 기심이 사회 전체의 부를 적극적으로 추구하는 중요한 동기가 된다는 것이다. 이처럼 현실에서도 개별적인 경제주체들과 기업가들은 지속적인 혁신을 통해 자본의 축적을 이룩했고 개인은 물론 사회적으로도 경제적 부를 극대화함으로써 삶의 질을 개선할 수 있었다. 이것이 오늘날 우리가 누리는 '풍요로운 삶'의 원동력이라는 주장이다. 즉, 개인이 이익을 추구하고자 하는 이기적인 동기가 개인이나 기업, 나아가 국가의 지속적인 혁신을 불러일으키는데 그 과정이 확대되면서 풍요로운 사회라는 목적을 달성할 수 있었다는 것이다.

반면. 인간의 이타심을 강조하는 입장에서는 시장에서의 자유로운 경쟁보다는 사회적 협력을 통한 신뢰, 그리고 조화를 중요한 가치로 생각하는 이론으로 발전했다. 개인이 추구하는 이익뿐만 아니라 공동체의 구성원으로서의 개개인은 상호이해와 협력, 배려, 신뢰 등을 통해 보다 원활한 사회활동을 영위할 수 있다는 것이다. 이를 위해 개인들에게는 사회를 바라보는 관점의 재고가 필수적이다. 그들의 주장에 따르면, 사회는 개별적 인간이 형성하는 공동체이고 좋은 공동체는 상호이해와 소통을 통해 완성될 수 있다는 믿음이 전제되어야 한다는 것이다. 타인과의 협력, 그리고 상호 간의 신뢰가 개인을 행복하게 할 뿐만 아니라 사회적 협력이라는 시스템을 형성하여 사회 전체가 조화롭게 발전할 수 있다는 신뢰의 구축이 선행되어야 하기 때문이다. 협력과 신뢰를 바탕으로 개인들은 사회문제의 해결에 참여하고 국가는 복지서비스를 제공하며 개인, 기업, 비영리조직, 국가는 사회적 네트워크를 형성하여 효과적으로 공동의 문제를 해결할 수 있어야 한다. 또한 이타적 목적을 가진 개개인이 다른 구성원들을 이해하고 돕는 과정에서 인간 소외와 개인의 일탈행위 등과 같은 사회문제가 해결될 수 있으며 이러한 상호이해와 공동의 문제해결을 바탕으로 '조화로운 사회'를 이룰 수 있다는 것이다.

결국, 인간의 본성을 어떻게 규정할 것인지에 대한 문제, 즉 인간의 선천적 본성을 규정하는 성선설과 성악설이 한편으로는 풍요로운 사회를 만드는 방향으로 발전했고, 다른 한편으로는 조화로운 사회를 만드는 방향으로 발전했다는 의미이다.

위에서 설명한 내용은 다음과 같이 정리할 수 있다.

이상에서 살펴본 것처럼 성선설과 성악설은 조화로운 사회와 풍요로운 사회라는 분명한 '지향'을 가지고 있다. 이제부터는 성선설과 성악설이 지향하는 '조화로운 사회'나 '풍요로운 사회'라는 목표가 어떤 과정을 거쳐서 이루어지는를 살펴볼 것이다. 다음 단계에서 성선설과 성악설이 바탕이 되어 만들어지는 '이념(理念, idea)'의 구체적인 형태를 살펴보려고 한다.

두 번째 단짝
키워드

02

이념

자유와 평등

이념

자유와 평등

사람들은 흔히 자유와 평등을 인류의 보편적 가치로 꼽는다. 이두 이념은 대등한 위상을 지니고 있으며 상호보완적이면서 동시에 배타적인 것으로 여겨진다. 잘 알고 있듯이 자유가 지나치면 불평등이 심화될 수 있고, 평등이 지나치면 개인의 자유가 침해될 수 있기 때문이다.

이념은 일반적으로 이야기하는 사람들의 사고 체계를 의미하는데 자유와 평등은 민주주의를 지탱하는 이념이라고 할 수 있다. 자유는 인간의 이기심에서 발현되는 것이고 평등은 인간의 이타심에서 발현되는 것이다. 우리가 흔히 자유와 평등을 동일한 범주에서 다룬다고 해도 두 개념이 언제나 공존할 수 있는 것은 아니라는 말이다. 이 장에서는 성선설과 성악설에서 조화로운 사회와 풍요로운 사회까지 가기 위한 첫 번째 단계로 자유와 평등에 대해 알아보려고 한다.

자유를 중요한 가치라고 생각하는 사람들은 사회에서 개인의 자유를 최대한으로 허용하면 우리가 안고 있는 문제들의 대부분이 자유 경쟁이라는 시스템 속에서 저절로 해결될 것이라고 주장한다. 모든 것을 시장에 맡기기만 하면 된다는 논리이다. 하지만 평등을 중요한 가치라고 생각하는 사람들은 그 논리에 동의하지 않는다. 개인들의 자유로운 경쟁에 맡기면 '가진 자'와 강자들의 자유는 옹호되겠지만, '가지지 못한 자'와 약자의 자유는 무시될 것이라고 생각하기 때문이다. 그래서 그들은 사회에서 평등의 원리를 도입하여 자유를 어느 정도 제한할 수 있어야 한다는 주장을 펼친다.

자유의 긍정적 측면은 무엇일까? 자유만을 추구했을 때 발생하는 문제점은 없을까? 반대로 평등의 긍정적 측면은 무엇일까? 평등만을 추구했을 때 발생하는 문제점은 없을까? 모순덩어리처럼 보이는 자유와 평등의 문제에 대한 해결을 모색하는 작업이 결코 쉽지 않다.

자유의 다양한 의미

최근 대통령의 취임사에서 '자유'라는 말이 35번이나 등장해 화제가 되었다. 저자 역시 수업이나 강연에서 자유나 평등이라는 단어를 사용하지만, 사실 자유나 평등이라는 단어가 구체적인 의미로 다가올 때보다는 아주 모호한 상태로 접하게 되는 경우가 많다. 아마도 그 단어를 사용하는 사람이 생각하는 '자유와 평등'의 의미와 듣는 사람의 입장에서 생각하는 '자유와 평등'의 의미 사이에 상당한 정도의 차이가 있기 때문일 것이다. '자유'와 '평등'은 누구나 사용하는 단어이지만, 모두가 같은 의미로 사용하는 것은 아니다.

이제부터는 자유와 평등 각각의 세부적인 의미들을 살펴볼 것이다. 먼저, 자유에 대해 살펴보자. 자유의 사전적 의미는 다음과 같다.

1. 남에게 구속을 받거나 무엇에 얽매이지 않고 자기 뜻에 따라 행동하는 것
2. 법률의 범위 안에서 자기 마음대로 할 수 있는 행위
3. 소극적으로는 외부의 모든 구속으로부터 벗어나는 것을 뜻하고, 적극적으로 자기의 본성을 좇아서 목적을 실현할 수 있는 가능성을 뜻하는 말

이상의 사전적 의미 중에서 자유를 '소극적으로는 외부의 모든 구속으로부터 벗어나는 것을 뜻하고, 적극적으로 자기의 본성을 좇아서 목적을 실현할 수 있는 가능성을 뜻하는 말'이라고 정의한 세 번째 부분은 교과과정에서도 중요하게 다루어질 뿐만 아니라, 실생활에서도 부

딪히게 되는 문제이다. 자유를 선명하게 구분할 것을 요구하는 다음의
제시문을 살펴보자.

〈제시문 1〉

다른 사람의 행동의 자유를 침해할 수 있는 경우는 오직 자기 보
호를 위해 필요할 때뿐이다. 다른 사람에게 해를 끼치는 것을 막
기 위해서라면, 당사자의 의지에 반해 권력을 사용하는 것도 정당
하다. 이 경우 이외에는 문명사회에서 구성원의 자유를 침해하는
그 어떤 권력도 정당화될 수 없다. 더 좋은 결과를 가져다주거나
더 행복하게 만든다는 이유에서, 또는 그렇게 하는 것이 더 현명
하거나 옳은 일이라는 이유에서, 당사자의 의사와 관계없이 어떤
일을 시키거나 금지시켜서는 안 된다. 이런 선한 목적이 있다면
충고하고 논리적으로 따져서 설득하면 된다. 아니면 간청할 수도
있다. 그러나 말을 듣지 않는다고 강제하거나 위협해서는 안 된
다. 억지로라도 막지 않으면 다른 사람에게 나쁜 일을 할 것이라
는 분명한 근거가 없는 한, 결코 개인의 자유를 침해해서는 안 된
다. 다른 사람에게 영향을 주는 행위에 한해 사회가 간섭할 수 있
다. 이에 반해 당사자에게만 영향을 미치는 행위에 대해서는 개
인이 절대적으로 자유를 누려야 한다. 즉, 자신의 몸이나 정신에
대해서는 각자가 주권자이다.

〈제시문 2〉

발전은 부자유의 원천을 제거할 때 가능하다. 전례 없는 전반적 풍요에도 불구하고 현대 세계에서는 과반수의 사람들이 기본적 자유마저 얻지 못하고 있다. 때때로 실질적 자유의 결핍은 경제적 빈곤과 직접 관련되어 있다. 경제적 빈곤은 굶주림을 면하고, 충분한 영양을 공급받으며, 치유 가능한 질병에 대한 치료를 받고, 적절한 옷과 주거를 제공 받고, 또한 깨끗한 물과 위생적인 시설을 누릴 자유를 박탈한다. 또 다른 경우 부자유는 공공시설과 사회 보호의 부재와도 밀접하게 관련된다. 예컨대 생태학적 프로그램, 의료보호나 교육시설을 위해 조직된 기구, 지역 평화와 질서 유지를 위한 효과적인 제도가 없는 경우가 그 예이다. 그리고 더 나아가 권위주의 정권에 의해 정치적 권리와 시민권이 제한될 때만이 아니라 공동체의 사회·정치·경제적 생활에 참여할 기회와 능력이 제한될 때 자유는 침해 된다.

〈제시문 3〉

어떻게 하면 자유에 대한 위협을 피하면서도 통치의 약속으로부터 혜택을 입을 수 있을까? 헌법 속에 구현되어 있는 두 가지 폭넓은 원칙들이 답을 제공해준다. 첫째, 정부의 기능이 제한되어야 한다. 정부의 주요 기능은 외부의 적과 내부의 동료시민들로부터 우리의 자유를 보호해주는 것, 곧 법과 질서 및 자유 시장을 보호하는 것이다. 경제 및 다른 영역들에서, 일차적으로 자발적인 협동과 사적 기업에 의존함으로써 사적 부문이 정부 부문의 권력을 견제할 수 있도록 해야 우리의 소극적 자유를 확보할 수 있다. 둘째, 정부의 권력은 분산되어야 한다. 권력은 연방정부에서보다는 각 주(州)에서, 또 각 주에서 보다는 카운티(County, 주에 소속된 행정구역)에서 행사되는 것이 더 낫다. 그렇게 되면 나의 지역사회가 하는 일이 못마땅할 경우 얼마든지 다른 지역사회로 옮겨갈 수 있다. 실제 행동으로 옮기는 사람이 비록 소수에 불과할지라도 그 가능성 자체가 권력에 대한 한 가지 견제로 작용하게 된다.

〈제시문 4〉

자유는 행위자의 능력과는 상관없는 것으로 정의(定義)해야 한다. 다시 말해 자유로운 상태란 어떤 특정 행위자의 지적·신체적·물질적 능력과는 상관없는 객관적 상황으로 이해되어야 한다. 그당연한 귀결로 자유의 의미는 자유의 가치와도 구분되어야 한다. 예를 들어 종교의 자유, 결사의 자유, 이주의 자유 등과 교통신호등이 있는 차도를 마음대로 가로지를 수 있는 자유나 도박의 자유 등은 서로 다른 가치를 가지는 것이 사실이다. 그러나 자유는 이러한 가치의 차이와 상관없이 똑같이 적용할 수 있는 객관적 의미를 가져야 한다. 자유의 의미를 자유의 가치와 연계시켜 이해할 경우 자유를 객관적이고 중립적으로 정의하기 어렵게 되고, 그에 따라 자유의 영역을 확실하게 설정하고 보장하는 것이 불가능해진다. 그렇게 되면 자유와 평등, 자유와 정의 등의 구분이 어려워지거나 불가능하게 되어 개인의 자유가 이런 저런 구실로 침해될 가능성이 높아진다.

〈제시문 5〉

어떤 사람들은 다른 사람들보다 더 합리적이기 때문에 무엇이 자신에게 이익이 되며, 무엇이 다른 사람에게 이익이 되는지 더 잘 이해할 수 있다. 그래서 더 합리적인 사람들은 덜 합리적인 사람들에게 합리적인 일을 하도록 강제함으로써 덜 합리적인 사람들을 현재의 단순한 욕구로부터 해방시켜 적극적 의미에서 자유로운 존재가 되도록 도와줄 수 있다. 이런 관점에서 보면 도덕과 무관하며 소외를 발생시키는 시장의 힘에 경제를 맡기기 보다는, 인간의 목적과 가능성에 대한 보다 고차적인 관념을 추구하는데 적합하도록 정부가 경제와 교육을 편성하는 것이 좋다.

성균관대학교의 논술에서 출제된 위의 제시문은 자유를 적극적 자유와 소극적 자유로 나누고 있다. 우선 제시문 1, 3, 4는 자유가 사회나 정부의 강제, 간섭 그리고 위협을 받지 않는 상태라고 주장하며, 즉 소극적 자유를 주장하는 입장이다. 반면 제시문 2, 5는 자유가 실질적 조건과 기회 및 합리성과 참여의 능력을 의미한다는 적극적 자유를 주장하는 입장이다.

이처럼 자유라는 개념을 적극적 자유와 소극적 자유로 구분해서 설명한 사람은 이사야 벌린(Isaiah Berlin)이다. 그의 설명에 따르면, 소극적 자유는 "인민이 다른 사람의 간섭 없이 스스로 할 수 있는 일을 할 수 있도록, 또는 스스로 될 수 있는 존재가 될 수 있도록 방임되어야 할 영역은 무엇인가?"라는 질문을 통해서 파악할 수 있듯이 "~로부터의 자유", 즉 '자신이 원하는 것을 추구함에 있어서 어떠한 외부의 간섭이나 구속이 없는 상태', 다시 말해서 타인의 간섭이 부재한 상태를 의미하는 것이다.

한편 적극적 자유는 "한 사람으로 하여금 이것 말고 저것을 할 수 있게, 이런 사람 말고 저런 사람이 될 수 있게 결정할 수 있는 통제 및 간섭의 근원이 누구 또는 무엇인가?"라는 질문을 통해서 드러나듯이 '공동체 안에서 진정한 자아실현을 목적으로 하고, 때로는 이를 위해 공동체나 국가로 하여금 자신의 자유를 구속하는 것까지도 허용하는 것'을 의미한다. "~할 자유"라고 설명할 수 있으며 자율이 실현된 상태라고도 할 수 있다.

여기에서 우리가 기억해야 할 것은 '자유'라는 단어가 실제로는 동일한 의미로 사용되는 것이 아니라, 상당한 의미 차이를 지닌 채로 사용되고 있다는 사실이다. 또한 자유에 대한 주장을 살펴보는 동안 나중에 등장하게 될 '평등'을 의식하지 않을 수 없다. 특히 적극적 자유는 나중에 나올 평등에 관한 논의에서도 다루어질 수 있기 때문이다.

이사야 벌린은 자유를 적극적 자유와 소극적 자유로 구분해서 설명했지만, 이후에 필립 페팃(Philip Pettit)이라는 학자는 자신의 저서《공화주의(Republicanism)》에서 소극적 자유와 적극적 자유만으로는 설명할 수 없는 '지배 없는 자유'라는 개념을 제시한다.

> "벌린은 자유를 적극적 자유와 소극적 자유로 구분한다. 그의 설명에 따르면 적극적 자유는 자율이 실현된 상태를 의미하고 소극적 자유는 타인의 간섭이 부재한 상태를 의미한다. 그러나 '지배 없는 자유'는 벌린의 분류에 포섭되지 않는다. 지배 없는 자유는 간섭의 실재 여부에 의해 규정되지 않는다. 지배 없는 자유를 파악하자면 간섭의 자의성과 행위자가 처한 예속의 정도가 마땅히 고려되어야 한다. 피지배 상태에 있는 행위자도 간섭 없이 선택을 하는 경우가 있다. 간섭한다고 반드시 지배하는 것은 아니며 지배 받는다고 반드시 간섭 당하는 것은 아니다. 간섭과 지배는 그처럼 별개의 개념들이다.
>
> 따라서 간섭의 부재에 초점을 두는 자유와 지배의 부재에 초점을

두는 자유는 서로 다르다. '간섭 없는 지배'와 '지배 없는 간섭'이 각각 가능하다는 사실은 양자의 차이를 더욱 뚜렷하게 보여준다. 간섭 없는 지배를 잘 보여주는 예로 주인과 노예의 관계를 들 수 있다. 일반적으로 주인은 노예에 대해 자의적으로 간섭할 수 있는 입장에 선다. 그러나 주인이 너그러운 사람이어서 노예에 대해 간섭하지 않을 수 있으며, 노예가 간사하거나 아첨에 능한 사람이어서 자기 마음대로 행동하면서 주인의 처벌을 피할 수도 있다. 그 경우 노예는 주인에게 지배되면서도 주인의 간섭을 받지 않는 자유를 누린다.

지배 없는 간섭을 잘 보여주는 예로는 선거를 통해 뽑힌 시장과 유권자인 시민들의 관계를 들 수 있다. 시장은 시민들이 동의하는 사안과 관련하여 시민들을 간섭할 수 있다. 시장의 간섭에 대한 시민들의 동의는 강제나 선동이 없는 상태에서 이루어져야 한다. 그러한 조건 하에서 시민들은 자신들의 이익을 증진하기 위해 자발적으로 시장의 간섭을 받아들일 수 있고, 자신들이 동의한 사안에서 발생하는 불이익을 감수할 수 있다. 그 경우 시민들에 대한 시장의 간섭은 지배가 아니다. 시장은 자의적으로 시민들을 간섭할 수 없으며 시민들도 시장에게 무조건 복종할 필요가 없다.

결국 간섭 없는 자유와 지배 없는 자유는 서로 다른 이상이다. 간섭 없는 자유가 이상으로 설정될 경우 간섭을 받는 시민은 진정한 자유를 누리는 것이 아니다. 시민들이 시장의 간섭에 동의했다 하더라도 그 간섭은 간섭 없는 자유의 이상과 상충된다. 지배 없는 자유가 이상으로 설정될 경우 간섭 받지 않는 노예라 하더라도 그는 피지배 상태에 있으므로 진정한 자유를 누리는 것이 아니다. 흡스의 견해에 따르면 자유란 법의 간섭을 받지 않는 상태이며, 전제 군주정이건 민주 공화정이건 자유의 향유라는 면에서는 서로 다를 바 없다. 그러나 그러한 견해는 지배 없는 간섭의 이상에 의거한다면 비판받을 수 있다. 전제 군주정에서는 아무리 높은 지위에 있는 사람이라 할지라도 군주의 의지에 따라야 하는 노예일 뿐이다. 그 반면 민주 공화정에서는 아무리 지위가 낮은 사람이라 할지라도 자유로운 시민이다.

인간 사회에서 간섭은 늘 있기 마련이다. 자의적인 간섭은 지배와 예속의 상태를 초래할 가능성이 농후하다. 지배 없는 자유의 이상은 그러한 가능성을 축소시킬 것을 요구한다. 한편으로는 강자가 약자를 자의적으로 간섭할 수 없도록 하면서 다른 한편으로는 약자가 강자의 자의적인 간섭에 저항할 수 있도록 하는 제도가 마련되어야 한다."

- 필립 페팃 《공화주의》중에서

필립 페팃은 고전적 의미의 자유를 '지배 없는 자유', 즉 타인의 자의적 의지로부터의 자유라고 규정하고, 이 개념이 개인의 자율성과 사회의 공공선을 동시에 보장할 수 있는 정치적 원칙을 제공해 줄 수 있으며, '지배 없는 자유'를 보장해 줄 수 있는 정치사회적 조건으로서 법의 지배와 시민의 견제력이 자유주의와 공동체주의의 논쟁에서 부각된 각각의 약점들을 보완할 수 있다고 주장했다. 이를 통해 필립 페팃은 간섭의 유무가 아니라 지배의 유무에 초점을 둔 고전적 의미의 자유에 대한 관심을 유도했다는 평가를 듣게 되었다.

자유주의자들의 이상, 최소국가론

자유주의의 이상은 다원주의라고 할 수 있다. 이것이 오랫동안 자유주의에 공산주의론과 같은 이상주의적 비전 제시가 없는 이유였다. 최소국가론이 중요한 의미로 여겨지는 것은 대부분의 자유주의자들이 다원주의의 이념과 충돌한다는 이유로 거부해 왔던 이상주의적 비전을 자유주의의 전통 위에서 제시하고 있기 때문이다. 이들 자유주의자들이 제시하고 있는 최소국가는 각각의 개인이 지니고 있는 아주 다양한 '이상적인 비전'을 현실적으로 실현하기 위해 노력하는 정치 질서의 틀로써 제시된 것이라 할 수 있다.

모든 개인과 집단의 행복과 선을 실현할 수 있는 질서의 틀로 생각한 최소국가의 논리적 발전 단계는 다음과 같은 과정을 거친다.

1단계: 권리를 가진 개인들이 자연 상태에 살고 있다.

2단계: 1단계에 있는 개인들이 자신들을 보호하기 위해 자발적 협회를 형성한다.

3단계: 2단계의 협회들은 각 지역에서 지배적 형태로 발전되어 극소국가(極小國家, ultraminimal state)를 형성하게 된다. 극소국가에서는 이에 참여하고 비용을 부담하는 자만이 보호받게 되며, 그렇지 않은 자는 보호받지 못한다.

4단계: 3단계의 극소국가는 각자의 독립적 영역에 남아 있는 개인들에게 보상함으로써 이들을 흡수하여 최소국가를 형성한다.

최소국가의 발달 과정에서 가장 중요한 것은, 인간을 '권리를 가진 존재'로 전제하고 있다는 점이다. 즉, 최소국가는 의도적인 사회계약의 결과로 성립되었다기보다 단계적으로 나타나는 문제들을 누구의 소유권도 침해하지 않으면서 해결하려는 노력 속에서 자연스럽게 등장한다. 여기서 자연 상태의 개인들은 원래 국가를 창출하려는 의도가 없었으며, 개인들은 계약 이전에 존재하는 개인의 절대적 자기소유권을 효율적으로 지키기 위해 개인 차원의 선택에 충실했을 뿐이다.

한편, 국가의 필요성 여부는 이 정치철학의 근본 문제가 된다. 아나키즘(anarchism, 무정부주의)의 논리에 따르면, 개인이 자신에 대한 권리를 갖는 한, 모든 형태의 국가는 억압의 기제일 뿐이다. 최소국가론에서도 개인들은 욕망을 추구할 권리를 가지며, 어떤 사람이나 집단도 이 개인들에게 해서는 안 될 것들이 있다는 명제로부터 출발한다. 그러나 최소국가론이 말하려는 바는 강압, 절도, 사기로부터의 보호, 계약의 집행 등 협소한 기능들에 국한된 최소국가는 정당하며, 그 이상으로 기능이 확대된 국가는 특정한 것을 하도록 강요당하지 않을 개인의 권리를 침해하기 때문에 정당화될 수 없다는 것이다.

《현대 자유주의 정치철학의 이해》 중에서

평등의 다양한 의미

"인간은 자유롭고 평등한 권리를 지니고 태어나서 살아간다. 사회적 차별은 오로지 공공 이익에 근거할 경우에만 허용될 수 있다."

'인간과 시민의 권리선언' 제1조의 구절이다. 이 선언에는 프랑스혁명의 정신이 담겨 있다. 인간은 누구라도 소중한 존재이기 때문에 동등하게 대접받아야 한다는 내용을 통해 인간의 존엄성을 천명한 것이기 때문이다. 또한 권리는 의무를 수반하므로 평등은 의무에서도 차별이 없는 상태를 의미한다. 자유와 마찬가지로 평등 역시 기본적으로 다양한 의미의 층위를 가진다.

〈제시문 1〉

일반적으로 다른 모든 조건들이 동일할 때, 시장 경제는 열심히 일하고 보다 독창적인 사람들을 선호하는 경향이 있다. 문제는 다른 모든 조건들이 동등한 경우는 없다는 것이다. 가진 자들이 누리는 것들(생물학적 우위든 또는 경제적, 문화적 우위든)은 대부분 그것을 영위하던 전 세대에게서 아무런 노력도 대가도 없이 물려받은 것이다. 물론 어떤 것은 정당하게 획득한 것일 수도 있다. 그러나 대다수는 그저 부유한 환경에 태어났기 때문에, 또는 다른 사람들의 노동을 착취하거나 남들을 속이고 힘으로 빼앗거나 아니면 순전히 운이 좋아서 얻은 것에 불과하다. 정치철학자 존 롤즈(John Rawls, 1921~2002)는 그의 유명한 저작인 《정의론》에서 가상의 '무지의 베일' 뒤에서 공정함과 정의를 판단하는 사고실험을 제기했다. 롤즈는 자신의 사회적 위치와 계급(예: 성별, 인종, 부, 재능 등등)에 대해 무지한 합리적이고 이기적인 개인에게 어떤 종류의 사회를 구축할 것인지 물었다. 말하자면 만약 자신이 미래에 환생을 하게 된다면 어떤 사회에서 살고 싶은지 묻는 것과 비슷하다. 롤즈는 이러한 사고실험을 통해 구축된 공

정한 사회에서는 지금보다 훨씬 공평한 기회가 주어질 것이라고
말했다. 공정한 사회는 곧 평등한 사회가 될 것이다.

〈제시문 2〉

불평등 해소를 위한 재원을 확보하기 위해 세목이 추가될 수 있다.
어느 정당은 10억 원 이상의 자산에 '부유세'를 징수하겠다는 아이
디어를 내고 있다. 국내 경제연구소에 따르면, 보유세 대상은 0.04%
~0.1%(2만~5만 명) 정도이며, 연 11조원의 조세 수입이 발생한다.
부유세 신설을 주장하는 정당은 그 당위성을 이렇게 주장한다.

"순전히 혼자만의 힘으로 부자가 된 사람은 없다. 모두 사회에서
벌어들인 돈이다. 많은 사람들의 피와 땀이 있었기에 가능했다는
말이다. 그렇다면 마땅히 많이 번 사람들은 그만큼 사회에 환원
해야 할 것이다. 세금은 사회 구성원들이 더불어 살기 위해 감당
해야 할 최소한의 의무이기 때문이다."

이 같은 주장은 부익부 빈익빈(富益富貧益貧) 현상이 사회 문제로
떠오르면서 더욱 설득력을 얻고 있다. 양극화를 완화하고 증가하
는 복지 수요를 만족시키기 위해서 어떤 형식이든 세율의 증가나
세목의 신설이 불가피하기 때문이다. 경제적 자산 보유의 심각한
불균형에서 비롯되는 사회 불평등은 정부의 정책적 개입으로 일
정 부분 해소되어야 한다.

〈제시문 3〉

사회가 개방화되고 다원화되면서 다양한 문화적 배경과 가치관을 가진 사람들이 한 사회에 어울려 살아가고 있다. 이에 따라 민족, 종교, 장애, 성, 문화 등의 다양한 기준에 의한 사회적 소수자가 생겨나고 있다. 이들에 대한 차별은 사회적 갈등을 유발하고 사회 통합을 저해하는 요인이 되기도 한다. 따라서 사회적 소수자에 대한 차별을 개선하고 다양한 사람들이 한 사회에서 평화롭게 공존할 수 있는 방법을 모색해야 한다.

이를 위해서는 사회 구성원의 인식 개선이 이루어져야 한다. 나와 다른 외모, 생각, 여건을 가진 사람들을 있는 그대로 인정하고 포용하려는 자세가 필요하며, 교육을 통해 사회구성원들의 의식 속에 내재된 편견을 바로 잡아야 한다. 또 대중 매체에서도 사회적 소수자를 이해할 수 있는 기회를 더 많이 제공해야 한다. 이와 더불어 우리 사회에 현존하는 사회적 소수자에 대한 차별을 금지하고, 각종 격차 문제를 해결하기 위한 제도적 장치를 마련해야 한다.

〈제시문 4〉

농어촌학생 특별전형은 지방자치법 제3조에 따라 읍·면 지역 및 도서·벽지 지역에 거주 및 그 지역 학교에 재학한 학생들을 대상으로 입학정원의 4% 이내(모집단위별 입학정원의 10% 이내)에서 정원 외로 학생을 선발하는 제도이다. 도시지역보다 교육적 환경이 상대적으로 열악한 농어촌 학생들에게 더 많은 교육 기회를 준다는 취지로 1996년 도입되었다. 농어촌학생 특별전형을 두고 역차별이라고 주장하는 사람도 있다. 하지만 우리 사회에 아직은 도시와 농어촌 지역의 경제적·문화적 편차가 엄연히 존재하기 때문에 어느 정도의 불평등은 감수할 필요가 있다. 이 전형의 지원 자격이 작년부터 6년으로 강화되면서 주소지만 읍·면 지역으로 옮겨 지원 자격을 얻는 무늬만 농어촌 학생도 거의 사라졌다. 농어촌 소재지에 학교가 있더라도 특수목적고(외고, 국제고, 과학고, 예술고, 체육고, 마이스터고) 등은 지원이 불가하다. 또한 수억 원대 전원주택에 살면서 강남에서 고액과외를 받는 농어촌 학생이 많다는 최근의 신문 기사는 침소봉대된 극소수의 사례이다. 오히려 ㄱ대는 이 전형 선발 인원을 60명에서 77명으로 대폭 늘렸다. 농어촌 전형으로 입학한 학생들이 적응도 잘 하고 학교생활을 성실하게 열심히 하기 때문이라고 한다. 지역마다 교육적 혜택이 불평등하다면 그 불평등이 해소될 때까지 농어촌학생 특별전형은 지속돼야 한다. 불평등한 것은 불평등하게 다뤄야 하기 때문이다.

〈제시문 5〉

우리나라에서도 전국의 토지를 유상으로 강제 수용한 전례가 있
다. 일제로부터 해방된 후 이승만 정부는 지지층의 격렬한 반대
를 무릅쓰고 농지개혁법을 재정해 농지를 유상으로 강제수용한
뒤 농민에게 유상으로 분배했다. 그 결과 1945년 말 총 경지 면적
의 35%에 불과했던 자작 농지의 비중은 농지 개혁을 실시한 직후
인 1951년 말에는 무려 96%로 급증했다. 당시 남한 인구의 70%
가 농민이었고, 그중 80%가 소작민이었는데, 국민의 절대 다수를
차지했던 소작농민이 하루아침에 자작농민으로 신분이 바뀐 것
이다. 국가는 농지를 유상으로 강제 수용하면서 평년 농지 생산
량의 150%를 액면으로 하는 지가증권(채권증서)을 지주에게 교
부하고 5년간 균분하여 보상하는 방식을 취했다. 그리고 농지를
유상으로 분배받은 농민 또한 농지 생산량의 150%를 5년에 걸쳐
현물로 균분 상환하도록 하였다. 그러니까 국가가 농민으로부터
농지 대금을 받아 지주(지가증권 소유자)에게 지급하는 방식이었
다. 농지 개혁 외에도 우리나라는 1981년부터 30여 년 동안 택지
개발촉진법에 근거해 국가가 대규모 택지를 유상으로 강제 수용
해 왔다. 결론적으로 말해 우리나라는 이미 토지 국유화의 경험
이 충분히 있기 때문에 마음만 먹으면 지금이라도 토지 국유화를
추진할 수 있다는 말이다.

〈제시문 6〉

계급 이동의 유연성을 높이는 것은 사회적 불평등의 문제를 해결
하는데 아무런 도움을 주지 못한다. 오직 천당과 지옥의 격차를
좁히는 것, 또는 비슷한 말이지만 천당의 범위를 확장하고 지옥의
범위를 줄여나가는 것만이 사회적 차별과 불평등에 대한 참된 해
결책인 것이다. 이것은 모든 종류의 사회적 불평등에 대해 기본
적으로 똑같이 적용할 수 있는 원칙으로서, 학벌에 의한 불평등
또한 마찬가지이다. 학벌 타파를 위한 운동에서 관건이 되는 것
은 학벌 서열을 유동적으로 만들어 모든 학벌이 최상위 학벌의
자리에 올라 갈 수 있는 가능성을 열어 두는 것이 아니라, 학벌 집
단 사이에 불평등의 격차, 즉 불평등의 정도를 줄이는 일이다. 이
상적으로 말하자면 서열의 이동 속도를 무한히 증대시키는 것이
아니라 서열의 불평등 격차를 무한히 줄여나가는 것이 학벌 타파
의 목표가 되어야 한다.

〈제시문 1〉~〈제시문 6〉은 평등에 관한 두 가지 입장을 다루고 있
다. 〈제시문 1〉, 〈제시문 3〉, 〈제시문 4〉는 사회가 구성원들에게 기회
의 평등을 보장해야 한다고 주장하는 입장이다. 반면, 〈제시문 2〉, 〈제
시문 5〉, 〈제시문 6〉은 사회가 구성원들에게 결과의 평등을 제공해야
한다고 주장하는 입장이다.

첫 번째 입장에서는 모든 사회 구성원들에게 공평한 기회가 주어져야 공정하고 평등한 사회라는 것이다. 이를 위해 사회적 소수자들에게 보다 많은 기회를 제공하고 각종 불평등과 격차를 해결하기 위한 제도가 필요하다고 주장한다. 이는 누구나 동등한 자격으로 참여할 수 있는 기회를 부여받는 것, 즉 누구나 출발선에 설 수 있는 기회를 갖는 것을 의미한다. 형식적 평등이라고 한다.

반면, 두 번째 입장에서는 개개인의 노력이 실질적으로 동등한 결과로 나타날 수 있도록 출발 조건을 동등하게 만들어주는 것을 평등으로 이해하고 있다. 구체적으로는 보유한 자산의 차이와 토지 소유의 불평등을 해소하기 위해서 부유세를 징수하거나 토지의 국유화 정책을 추진할 수 있다는 것이다. 이는 아무리 노력을 해도 '나쁜' 환경으로 인해 좋은 결과나 성과를 이룰 수조차 없는 사람도 있기 때문에 단지 결과만을 따지기보다는 제도적 장치를 통해 환경적 불평등을 제거하는 등의 고려가 필요하다는 것이다. 결과의 평등이라고 한다. 결과의 평등이라고 해서 모두가 동일한 결과를 얻어야 한다는 것은 아니다. 다만 모든 사람이 동일한 출발선에 설 수 있도록 만들어야 하며 이후에는 노력에 걸맞는 대우를 해주는 사회가 바람직한 사회라고 보는 관점이다.

앞의 분류와 다른 기준을 적용할 수도 있다. 인간은 누구나 존귀하고 평등할 뿐만 아니라 모두 동등하게 대접받는 것이 당연한 일하기 때문에 어떤 환경에 처해 있든, 어떤 노력을 기울이고 얼마나 많은 성과를 거두었는가와 무관하게 모두 똑같이 대우받는 사회가 정의롭다고 생각하는 것이 '절대적 평등'이다. 반면에 인간은 타고난 재능이나 어떤 일이 기울인 노력이 다르기 때문에 개인차를 무시하고 획일적으로 똑같이 취급하는 것은 잘못이라고 생각하는 관점이 상대적 평등이다. 이 관점은 성취한 결과에 따라 다르게 대우받는 사회가 공정한 사회라고 생각한다.

우리가 흔히 사용하는 '평등'이라는 단어도 자유와 마찬가지로 의미상으로는 상당한 차이를 지닌 채로 사용된다는 사실을 확인할 수 있다. 또한 자유라는 이념의 이상이 최소국가론이라면 이에 대응하는 공산주의론은 완전한 평등 사회를 구현하는 평등이 이념의 이상이라고 할 수 있다. 다만, 최소국가에 비해 비교적 널리 알려져 있는 공산주의론에 대한 설명은 생략하겠다.

> 평균적 정의(기회) - 절대적 평등/상대적 평등
> 분배적 정의(분배) - 형식적 평등(기회, 형식)/실질적 평등(결과, 내용)

'자유'에 대립되는 개념, '평등'

성선설과 성악설이 서로 대립되는 개념이라는 것을 이해하는 것은 자연스럽고 어렵지도 않다. 하지만, '자유'에 대립되는 개념이 '평등'이라는 것을 이해하는 것이 자연스럽지는 않다. 왜냐하면 자유에 대립되는 개념으로는 부자유, 평등에 대립되는 개념으로는 불평등이라는 개념이 먼저 머릿속에 떠오르기 때문이다. 우리가 사유를 한다는 것은 익숙한 것으로부터 벗어나는 것도 하나의 목적이므로 이를 받아들이는 노력이 필요할 수도 있겠다.

우리 주변에서 자유와 평등이라는 두 가지 이념이 부딪히는 대표적 사례가 바로 누진세(累進稅) 제도이다. 누진세는 소득금액이 커질수록 높은 세율을 적용함으로써 소득 불평등을 보정하기 위한 목적으로 실시되는 제도이다. 그런데 누군가가 열심히 노력해서 다른 사람보다 수입이 많다는 이유 때문에 더 높은 세율을 적용받아야 한다면, 과연 이것을 정의롭다고 말할 수 있는가? 여기에 대해서는 미국의 자유지상주의 철학자 로버트 노직(Robert Nozick)의 견해를 살펴보자.

> 노직은 특히 재산권의 자유를 가장 근본적인 인간의 권리로 상정하였다. 이러한 이유로 그는, 소유 권리론의 관점에서 재분배는 실제로 개인들의 권리를 침해하게 되므로 심각한 문제라고 지적하였다. 그는 근로 소득에 대한 과세는 강제 노동과 동등한 것이라고 했다.
>
> ······(중략)······

만약 가난한 사람들을 위해 세금으로 5시간의 임금을 내도록 한다면, 이것은 그들로 하여금 5시간을 추가로 일하도록 강제하는 것과 같다는 것이다.

······(중략)······

일부 시민들로 하여금 다른 사람들을 돕게 할 목적으로, 또는 국가가 시민들 자신의 선(善)과 보호를 위해 특정 행위를 금지할 의도로 강제적인 수단을 사용해서는 안 된다는 것이다.

······(중략)······

누군가의 노동의 결과를 강탈한다는 것은 그 사람에게서 시간을 강탈하고 그에게 다양한 활동을 명령하는 것이나 마찬가지이다. 누군가 당신에게 일정한 시간 동안 특정한 일 또는 보수가 없는 일을 하라고 강요한다면, 그 사람은 당신이 무엇을 해야 하며 그 일로 어떤 목적을 달성해야 하는가를 직접 정하는 꼴이다.

······(중략)······

오직 계약을 집행하고 사람들을 무력과 절도와 사기에서 보호하는 기능을 수행하는 최소 국가만이 정당화될 수 있다. 거기서 더 나아가면 어떤 일도 강요받지 말아야 하는 개인의 권리를 침해하게 되고 그런 국가는 정당화될 수 없다.

- 고등학교 《생활과 윤리》중에서

사회에서 필요하다고 판단하고 결정했을 경우, 개인의 소득이나 재산은 당연히 재분배될 수 있는 공동 자산이라는 인식이 있다. 하지만, 이때 소득분배 과정의 정당성이나 소득을 재분배할 때 거쳐야 하는 절차의 정당성에 대한 고려는 거의 없다. 이에 노직은 '개인의 권리는 어떤 경우에도 침해될 수 없다.'는 자유지상주의 정의관을 제시함으로써 이를 극복하려고 했다. 누구도 '사회 전체를 위해서'라는 명분을 내세워 다른 사람을 이용할 수 있는 권리를 가질 수는 없다는 것이다. 노직은 모든 사람이 정당하게 가질 권리가 있는 것만을 소유하는 상태가 정의로운 분배를 의미한다고 생각했다. 결과의 정의보다 절차상의 정의가 중요하기 때문에 절차가 공정하다면 결과에 상관없이 그 분배는 공정하다는 관점이다.

노직은 자유 시장에서 사람들의 선택을 존중해야 한다고 주장한다. 경제적으로 여유 있는 사람이 타인을 돕는 행위는 바람직하다. 그렇다고 하더라도 그 일은 개인이 스스로 결정할 문제일 뿐, 국가가 강제할 수는 없다는 것이다.

"정당하다면 가진 것을 뺏어갈 수 없다!"는 로버트 노직의 주장을 한 줄로 요약한 유명한 문장이다. 국가는 부유한 납세자들에게 자선을 강제할 권리가 없다는 의미이다. 노직은 공리주의에서 말하는 소득의 재분배는 개인의 권리를 제약하지 않고는 평등을 지향할 수 없다고 결론내렸다. 그래서 노직은 사회적 분배의 원칙으로 '취득 - 이전 - 교정'의 3원칙을 제시한다. 취득의 원칙은 '소득이 정당하다면 그 소유는 정당하다'라는 뜻이고, 이전의 원칙은 '이전의 과정이 정당하다면 그 소유는 정당하다'라는 뜻이며, 교정의 원칙은 앞의 두 원칙에 부합하지 않는 경우, '국가가 나서서 부정의를 해결해야 한다'라는 뜻이다. 이때가 되어서야 사회적 분배가 이루어질 수 있다. 그렇기 때문에 하나하나 따지고 보면, 사회적 분배가 일어날 수 있는 가능성은 아주 낮아진다. 이것이 노직을 자유지상주의 철학자라고 부르는 이유이기도 하다.

노직처럼 자유지상주의적 사유에 기초한다면, 누진세는 결코 올바른 공동체적 법칙이라고 할 수 없다. 하지만 누진세에도 명분은 있다. '가진 자'와 '가지지 못한 자'의 불평등한 관계를 다소나마 개선하여 정의를 실현한다는 주장이 그것이다. 이와 같은 명분 아래 국가가 개인의 자유를 어느 정도 제한하는 것은 정당화될 수 있기 때문이다.

앞서 말한 바와 같이 누진세 논쟁의 핵심은 결국 자유와 평등의 관계로 모아질 수밖에 없다. 자유를 '모든 구속으로부터 벗어난 상태'로 보고, 평등을 '어떠한 차별도 없는 상태'라는 개념만으로 이해한다면, 사회정의와 관련한 실질적 내용들을 담보하지 못할 가능성이 있다. 자유와 평등은 그 자체가 근대 자유민주주의의 출현과 더불어 등장해서 발전해 온 이념이다. 자유와 평등이 양립불가능 하고 공존할 수 없다는 주장은 자유와 평등 가운데 어느 하나를 과도하게 강조했을 경우에 나타난다. 초창기 자유주의자들과 사회주의자들이 그 대표적인 경우이다. 자유주의자들은 개인이 자유로운 활동을 통해 자신의 이익을 마음껏 추구하는 것을 최고의 미덕으로 간주한다. 따라서 사회적 불평등이 있다 하더라도 이것이 법적으로 보장된 개인의 자유로운 경쟁의 결과라면 정의롭다고 하지 않을 수 없다. 그렇기 때문에 평등의 인위적 추구는 자유와 대립하게 된다.

한편 사회주의자들은 자유라는 이름 하에 조장되고 있는 개인의 무제한적 이익 추구가 결과적으로 사회경제적 불평등을 초래하여 '가지지 못한 자'에게 기회의 불평등은 물론 법 앞에서의 불평등까지도 야기하게 될 것이라고 주장한다. 이는 자유주의자들이 말하는 자유가 '가진 자'에게만 주어지는 자유일 뿐 가난하고 '가지지 못한 자'에게는 자유가 아니라는 것이다. 따라서 여기서는 강제적 수단을 써서라도 개인의 이익 추구 활동을 제한하고 사회경제적 가치의 평등 분배를 실현하는 사회가 정의로운 사회로 등장한다.

자유와 평등을 조화시키려는 노력은 자유주의와 사회주의를 상호보완하려는 의지로 나타나고 있다. 오늘날 복지국가의 이념이 되고 있는 수정자본주의 또는 평등주의적 자유주의가 그것이다. 이 입장이 채택하고 있는 보완 방식은 개인의 자유로운 정치적, 경제적 활동을 최우선적으로 보장하되 여기에 사회경제적 가치의 인위적 평등 분배를 가미하는 작업이다. 다시 말해 '있는 자'의 몫을 그의 자유 실현의 결과로 인정하는 한편, '가지지 못한 자'를 위해 그 몫의 일정 부분을 환수하는 일이다. 그러나 이는 진정한 의미의 보완이기보다 절충에 가깝다.

지금까지 살펴본 것처럼 자유와 평등은 민주주의의 가장 중요한 이념적 원리라고 말한다. 하지만, 자유와 평등은 기본적으로 상호보완적인 개념인 동시에 대립하고 충돌하는 모순적인 개념이라는 사실이다.

이제까지의 이해를 바탕으로 성선설과 성악설, 그리고 자유와 평등의 관계를 정리해보면, 성악설/이기적 존재('나'를 중심으로 사유, 개인 중시) → 자유로운 이익의 추구 → 풍요로운 사회에 도달하게 되고, 성선설/이타적 존재('우리'를 중심으로 사유, 공동체 중시) → 이익과 가치의 평등한 분배→ 조화로운 사회에 도달하게 된다.

여기서 자유민주주의에 대해서 잠깐 짚고 넘어가자면 자유민주주의는 자유주의와 민주주의가 결합된 단어이다. 하지만 엄밀하게 자유주의와 민주주의는 유사한 개념이 아니다.

※ 자유민주주의 정치체제

경제체제와 구분되는 개념으로서 '자유민주주의' 정치체제는 자유주의와 민주주의라는 두 가지 이념을 축으로 구성된다. 정치체제는 국민 또는 시민 개개인의 권리와 의무에 관한 원칙을 정하는 문제라고 할 수 있다. 자유주의와 민주주의는 중요하게 생각하는 가치, 그리고 발현하려고 하는 정의의 문제에 대해 뚜렷한 차이를 보인다. 먼저, 자유주의가 개인의 자유와 권리를 중시함에 비하여 민주주의는 개인과 개인들 사이의 평등을 더 중시한다. 순수한 형태의 자유주의가 전체주의를 단호히 거부하고 개개 시민으로서의 천부적 자유 및 그 권리의 발현을 정당한 것으로 간주한다면, 순수한 형태의 민주주의는 권위주의를 단호히 거부하고 동등한 의사결정권의 발현을 정당한 것으로 간주한다.

"공무원의 법적 지위에 대하여 두 가지 측면에서 접근이 가능하다. 그 하나의 측면은 공무원 또한 시민의 일원으로서 헌법상 모든 권리를 보장받아야 하므로 집회·결사의 자유가 인정되어야 하는 동시에 근로자로서 단결권, 단체교섭권, 단체행동권 등의 권리도 보장받아야 한다는 주장이 있을 수 있다. 반면 다른 측면에서는 국가 공무원으로서 자주성과 전문성, 정치에 대한 중립성 등의 보장을 위하여 집단적인 파업행위 등을 금지해야 한다는 주장도 있을 수 있다. 현행 관련 법령은 공무원에 대하여 노동운동이나 그밖에 공무 외의 업무를 위한 집단행위를 하여서는 안 된다고 규정하고, 법원 또한 이와 같은 법령이 공무원의 자유를 일부 침해하더라도 헌법상의 평등원칙에 부합된다고 판단하였다."

위의 글은 정치체제 중에서 국가의 목적을 위하여 예외적으로 개인의 자유가 제한될 수 있고, 이러한 제한이 국민 전체의 평등을 규정하고 있는 헌법 규범에 반하지 않는다는 측면에서 평등을 전제로 한 민주주의의 모습을 보여준다.

"현대사회에서 개개인의 시민적 자유와 권리가 중요한가 아니면 복수의 개인들 사이의 평등이 더 중요한가의 문제는 간단하지 않은 사안이다. 이상적으로는 개인의 자유와 권리가 보장됨과 동시에 개인들 사이의 평등까지도 보장된다면 더 이상 바랄 나위가 없을 것이다. 그러나 현실적으로는 두 가지 가운데 하나가 불가피하게 희생되어야만 하는 상황이 종종 발생할 수 있다. 그렇다면 문제는 두 가지 불가피한 상황, 즉 (1)개인의 자유와 권리가 보장되지만 평등은 보장되지 않는 상황, (2)개인들 사이의 평등은 보장되지만 자유와 권리는 보장되지 않은 상황 중, 과연 어느 것이 더 바람직하겠는가의 문제가 제기될 수 있다. 이와 관련하여

(1)이 (2)보다 상대적으로 바람직하다고 말할 수 있는데, 그 이유는 불평등과 타인의 특권을 감내해야 하더라도, 국가뿐 아니라 어느 누구의 침해도 없이 개인의 자유와 권리를 구가하는 편이 개인의 자유와 권리를 억압당하는 전체주의적 분위기에서 평등을 구가하는 편보다 훨씬 더 나은 선택이라고 볼 수 있다."

위의 글은 개인의 자유와 시민 전체의 평등은 모두 보장되어야 하는 권리이지만, 이 중 하나가 제한되어야 하는 상황이 존재하게 된다면, 평등이 다소 제한되더라도 개인의 자유와 권리가 보장되는 자유주의적 정치체제임을 보여준다.

자유민주주의에서 말하는 자유란 국민 각자가 보람 있는 삶을 영위하기 위하여 자신의 욕구에 따라 그 삶의 조건들을 선택하는 것을 뜻한다. 자유의 폭이 넓을수록 그 개인과 집단의 삶의 질은 높아지고 또 그 모습 역시 다양해지게 마련이다. 이와 반대로 자유가 제한될수록 보람 있는 삶의 실현을 위한 가능성은 그만큼 위축된다. 통제와 감시의 사회가 될 수도 있기 때문이다.

민주주의에서 말하는 자유 경쟁은 다른 사람의 자유를 침해하지 않는 범위 안에서만 이루어져야 한다. 이러한 제약은 각 개인의 자유가 최대한으로 보장될 수 있도록 하기 위한 최소한의 규율이다. 모든 개인과 집단이 자신들의 욕구 실현만을 주장하고 다른 사람들의 욕구 실현을 고려하지 않을 경우, 사회는 상호 갈등만을 일으키게 될 것이다. 사람들이 모두 자신만의 이익을 생각할 때 다른 사람의 자유를 침해하여 서로 충돌하기 때문이다. 그러므로 개인 각자가 무제한적 자유를 주장하는 사회에서는 상호 간의 다툼 때문에 실제로는 욕구 실현을 하기 어렵게 된다.

세 번째 단짝
키워드

03

문제 해결

협력과 경쟁

문제 해결

협력과 경쟁

인류 사회를 발전시키는 동력이 경쟁이냐 협력이냐에 대한 논의 역시 우리가 앞에서 제기했던 인간의 선천적 본성에 대한 논의의 연장선에서 이루어진다. 한편에서는 인류 역사가 남긴 발자취와 현재의 모습을 내세우며, 경쟁은 인류 생존과 발전의 필수적 조건이라고 주장하면서 현대 자본주의의 놀라운 생산력과 체제 유지의 원천을 경쟁의 원리로 설명한다. 다른 한편에서는 인류의 역사와 자본주의의 현실이 보여주는 모순과 문제점을 날카롭게 지적하면서, 경쟁 대신 상호 협력의 원리를 사회 발전의 원동력으로 삼아야 한다고 주장한다.

경쟁을 긍정적으로 생각하는 사람의 관점에서 보면 협력은 사회의 발전을 저해하는 부정적인 것이다. 반대로 협력을 중요하게 생각하는 사람에게 경쟁은 협력을 방해하는 부정적인 요소이다. 협력을 중요하게 여기는 사람들은 경쟁 사회에서는 모든 동료를 잠재적인 적으로 간주하기 때문에 상대방을 인정하고 격려하며 협력하는 양식을 배우지 못하게 되고, 이는 결과적으로 사회의 발전을 가로막는다고 주장한다. 이와 같이 완전히 상반된 주장을 하지만. 실제에 있어서는 경쟁과 협력 모두 인간 사회를 발전시키는 동력이라는 사실에 대해서는 부정하지 않는다. 중국의 철학자 한비자의 글을 읽어보자.

> 합종(合從)이라는 것은 여러 약소국가들끼리 연합하여 강대한 한 나라를 공격하는 것이고, 연횡(連橫)이라는 것은 강대한 한 나라를 섬김으로써 다른 국가들을 공격하는 것인데, 이들은 모두 국가를 보존하는 방법이 아니다.
>
> 지금 연횡을 주장하는 책사(策士)들은 누구나 "강대국을 섬기지 않으면 필경 적을 만나 큰 화를 입게 될 것이다."라고 말하고 있다. 그런데 강대국을 섬기는 것이 틀림없는 사실로 확정되기 위해서는 강대국에게 자국의 지도를 바치고 옥새를 올리며 간청해야만 한다. 지도를 바치니 국토는 줄어들고, 옥새를 바치니 명예는 실추된다. 나아가 국토가 줄어드니 국세는 약화되고, 명예가 실추되니 정치가 문란해질 수밖에 없다. 이렇듯 연횡책을 써서

강대국을 섬긴 나라들은 국토를 잃고 정치가 문란해질 뿐, 이익을 얻는 것을 나는 본적이 없다.

또한 합종을 주장하는 책사들은 누구나 "약소국을 구원하지 않고 강대국을 공격하면 천하의 균형을 잃게 되고, 천하의 균형을 잃으면 나라가 위태로워지고, 나라가 위태로워지면 군주가 비천해진다."라고 말한다. 그런데 사실상 약소국을 구원하려면 군대를 일으켜 강대국과 싸워야 한다. 약소국을 구원한다고 해서 그 약소국이 반드시 보전될 수 있는 것도 아니고, 강대국과 싸우는 데에 약간의 실수가 없으리라는 법도 없어서 자칫 조그만 실수라도 저질렀다가는 강대국에 지배당하고 만다. 출병하면 군대가 패할 것이고, 물러나 지킨다고 해도 성이 함락되고 말 것이다. 이렇듯 합종책을 사용하여 약소국을 구원해서는 국토를 상실하고 군대를 잃을 뿐, 이익을 얻는 것을 나는 보지 못했다.

······(중략)······

책사들은 합종과 연횡을 내세우며, "외교에 성공하면 크게는 천하를 통치할 수 있고 작게는 국가를 안정시킬 수 있다."라고 떠들어댄다. 하지만 천하를 통치하려면 능히 다른 나라를 공격할 수 있어야 하고, 국가를 보전하려면 침략당하지 않을 만큼 강해야 한다. 군대가 강하면 능히 다른 나라를 공격할 수 있고, 정치가 안정되면 침략당하지 않게 된다. 그리고 이러한 정치의 안정, 군대의 강화는 외교정책으로부터 얻을 수 있는 것이 아니라 내실 있는 내정을 통해 실현될 수 있는 것이다. 그럼에도 지금 법과 치술(治術)로써 내정의 충실을 도모하지는 않고 지계(智計)를 동원하여 외교에만 힘쓰니, 이래서는 정치의 안정, 군대의 강화를 이룰 수 없다. 속담에 "소매 긴 옷을 입으면 춤을 잘 출 수 있고, 재물이 많으면 장사도 잘 할 수 있다."라는 말이 있다. 이 말은 여건이 갖추어지면 일이 잘 풀린다는 것을 의미한다.

정치가 안정되고 군대가 강성하면 국정을 모의(謀議)하기가 용이하고, 군대가 약하고 정치가 혼란스러우면 국정을 도모하기가 어렵다. 그래서 진(秦)나라의 관리들은 정책을 중도에 열 번이나 바꾸어도 실패하는 경우가 드물었지만, 연(燕)나라의 관리들은 정책을 한 번만 변경해도 실패할 때가 많았다. 따라서 진나라의 관리는 반드시 지혜롭지 않아도 되지만 연나라의 관리는 절대로 우매해서는 안 되니, 이것은 두 나라 간에 정치가 안정되어 있는가 아니면 혼란스러운가 하는 점에서 서로 차이가 나기 때문이다.

- 《한비자》〈오두(五蠹)〉 중에서

이 글에서 한비자는 천하를 통치하거나 국가를 보전하려면 다른 나라들과의 연횡이나 합종이 아니라 자국의 힘을 갖추는 것이 중요하다는 주장을 펼치고 있다.

먼저, 글의 앞부분에서는 연횡과 합종의 문제점이 지적되어 있다. 연횡의 문제점은 강대국을 섬기는 일로 인해 국토가 줄어들고 정치가 문란해지는 것이다. 그리고 합종의 문제점은 강대국과의 싸움으로 인해 국토와 군대를 잃게 된다는 것이다. 이는 '협력'이 능사가 아니라는 의미로 읽을 수 있다.

글의 뒷부분에서는 천하를 통치하고 국가를 보전하기 위해서는 법을 정비하고 통치술을 발휘해서 내정을 충실하게 만들어야 한다는 점이 강조되고 있다. 천하를 통치하고 국가를 보전하기 위해서는 정치의 안정과 군대의 강화가 필수적인데, 이는 연횡이나 합종과 같은 외교정책을 통해서 실현되는 것이 아니라 내정을 충실하게 만드는 것을 통해서 실현될 수 있다고 생각하기 때문이다. "소매 긴 옷을 입으면 춤을 잘 출 수 있고 재물이 많으면 장사도 잘 할 수 있다."라는 속담처럼 기본적인 조건들이 갖추어지면 일이 잘 풀릴 수밖에 없다는 것이다.

이처럼 천하를 통치하거나 국가를 보전하려면 스스로가 능력을 갖추어야 하고, 또 그런 만큼 그 능력을 갖추는 것이 급선무라는 점을 주장하고 있다. 그리고 이런 주장에는 자신이 남보다 월등히 강대해져야 한다는 점, 강대한 자가 되면 무엇이든지 할 수 있다는 점 등이 전제되어 있다. 이런 점에서 한비자는 국가를 올바르게 운영하기 위해서는 기본적으로 경쟁과 협력 둘 다 가능한 선에서 이루어지지만 무엇보다도 살아남을 수 있는 힘의 축적이 중요하다는 것을 이야기하고 있다.

즉 살아남을 수 있는 힘이 없다면 협력도 경쟁도 무용하다는 것이다. 하지만, 정말로 그럴까?

경쟁의 긍정적 측면과 부정적 측면

경쟁이냐 협력이냐를 선택하는 문제는 철학적인 함의가 있으며 그 역사가 짧지도 않다.

하이에크(Friedrich Hayek, 1899~1992)는 경쟁을 '발견의 과정' 으로 본다. 기업들은 자사제품에 대한 소비자의 수요와 그 제품 의 최저생산비용 등을 예측할 수 없다. 기업들은 수요와 비용에 관한 지식을 가격인하, 제품차별화, 서비스 강화, 기술개발 등을 통해서 발견한다. 만약 기업들이 수요와 비용에 관해 완전한 지 식을 갖고 있으면, 현실의 경쟁을 통하여 알 수 있는 결과를 경쟁 없이도 알 수 있다. 따라서 경쟁은 필요 없게 된다. 하지만 현실에 서는 어느 누구도 완전한 지식을 알 수 없으므로 경쟁을 통하여 수요와 공급에 관한 지식을 발견할 수밖에 없다.

희소한 자원으로 우리 인간들의 욕구를 충족시키려면 생산자가 효율적이어야 한다. 만약 경쟁력이 없는 생산자들을 그 분야에서 도태시키지 않으면 소비자의 욕구가 충분히 충족되지 않는다. 자 유시장은 자유로운 진입과 경쟁을 허용하는 제도이다. 비효율적인 생산자는 자유경쟁의 결과로 자연스럽게 도태된다.

- 이승모,《독점은 사악한가》중에서

러시아 모스크바를 방문했다 돌아오는 길에 베이징에서 비행기를 갈아탄 적이 있다. 모스크바에서 베이징까지 가는 비행기와 베이징에서 인천까지 가는 비행기는 동일한 항공사 소속이었다. 그런데 두 비행기 내부 시설은 너무도 달랐다. 모스크바에서 베이징까지는 8시간이 걸리는 장거리 루트인데도 기내 좌석에는 그 흔한 개인용 모니터도 설치되지 않았고, 객실도 상당히 누추해 보였다. 반면 베이징에서 인천까지는 한 시간밖에 걸리지 않는 단거리 루트인데도 좌석마다 개인용 모니터가 설치되어 있고, 객실도 깔끔하게 정리되어 있었다. 장거리 루트보다 단거리 루트에 더 나은 서비스가 제공되는 것은 왜일까? 경쟁 때문이다. 모스크바와 베이징 사이의 구간은 이용객 수가 적고 운항 편수도 많지 않아 주로 러시아와 중국의 항공사들이 비교적 경쟁 없이 운항하고 있다. 하지만 베이징과 인천 사이의 구간은 다르다. 운항 편수가 많아 경쟁이 매우 치열하다. 그 경쟁이 비행기 티켓 가격을 낮추면서도 서비스의 수준을 높게 만들었다. 결국 시장 경쟁 약화가 소비자의 손실로 연결되는 사실을 알 수 있다. 무역 장벽은 국내 시장의 경쟁을 약화시킨다. 경쟁 없는 시장에서 국내 기업은 품질 향상 없이도 제품에 높은 가격을 책정할 수 있어 많은 이윤을 창출할 수 있겠지만, 그것은 결국 소비자의 희생을 바탕으로 만들어진 것이므로 사회적으로 바람직하지 않다.

- 김대환, 《베짱이 패러독스》 중에서

자연이 인간들의 모든 소질을 계발시키기 위해 사용하는 수단은, 궁극적으로는 사회의 합법칙적인 질서의 원인이 되는 한에서, 사회 속에서 인간들 상호간에 벌이는 항쟁이다. 내가 여기서 말하고 있는 '항쟁'이란 인간의 반사회적인 사회성을 의미한다. 즉 그것은 끊임없이 사회를 파괴하려고 위협하는 일반적인 저항들과 유사한 측면이 있으면서도 다른 한편으로는 사회를 이루어 살아가려고 하는 인간의 성향을 의미한다.

인간의 소질은 분명 인간의 본성에 존재한다. 인간은 자신을 사회화하려는 성향을 갖고 있다. 인간은 사회적 상태 속에서 자신의 자연적 소질을 계발하려고 하기 때문이다. 반면에, 인간은 자신을 개별화하려는 (자신을 고립시키려는) 성향도 강하게 가지고 있다. 인간은 자신 속에 단지 자신의 의도대로만 행동하려는 반사회적인 특성도 갖고 있기 때문이다. 따라서 인간은 자신이 다른 사람들에게 저항하는 성향을 갖고 있음을 스스로 알고 있으므로 도처에서 저항에 부딪치게 될 것임을 예측할 수 있다. 이 저항

이야말로 인간의 모든 능력을 일깨워 주며, 인간으로 하여금 나태해지려는 성향을 극복하게 하고, 명예욕, 지배욕, 소유욕 등에 의해 행동하게 함으로써 어울리기도 힘들지만 벗어나기도 힘든 동시대인들 가운데에서 어떤 지위를 성취하게 해 준다.

이런 과정을 통해, 조야한 상태로부터 본래 인간의 사회적 가치에서 성립하는 문화에로의 최초의 진보가 일어난다. 그때부터 인간의 모든 재능들이 점차 계발되고 취미가 형성되며, 인간은 계속된 계몽에 의해 도덕적 식별력에 대한 조야한 자연적 소질을 점차로 특정한 실천적 원리들로 변화시킬 수 있다. 이를 통하여 자연적 감정에 의해 함께 뭉친 인간의 사회를 도덕적인 전체로 바꿀 수 있는 사고방식이 자리를 잡기 시작한다.

반사회성은 그 자체로서는 사랑할만한 속성이 아니기는 하다. 그렇지만 모든 사람들이 자신의 이기적인 자만에서 반드시 마주치게 되는 저항을 산출하는 그런 반사회성이 없다면, 인간의 모든 재능들은 완전한 조화로움과 만족감 및 서로를 사랑하는 목가적인 삶 속에서 영원히 묻혀 버리고 말 것이다.

- 칸트, 《세계 시민적 관점에서 본 보편사의 이념》 중에서

위의 제시문들은 모두 경쟁의 긍정적인 측면을 강조하고 있다. 《독점은 사악한가》에서는 자유로운 진입과 경쟁이 허용되는 자유시

장 경제에서 기업들은 경쟁을 통해 필요한 지식을 얻게 된다는 것과 그 과정에서 시장의 자율적인 조정능력에 따라 비효율적인 기업들은 경쟁을 통해 퇴출 되고 소비자들은 만족을 극대화하게 된다는 사실을 주장하고 있다. 《베짱이 패러독스》를 보면, 경쟁의 부재는 서비스의 질을 떨어뜨려 결국 소비자의 피해를 초래하기 때문에 경쟁을 통해 상품과 서비스의 질을 향상시켜야 한다는 주장을 펴고 있다. 이는 경쟁이 상품과 서비스의 질을 향상시키는 역할을 할 수 있다는 것을 의미한다. 그리고 칸트는 사회 속에서 인간들 상호간에 벌이는 항쟁을 '반사회적 사회성'이라고 명명하고 있다. 칸트가 말한 반사회성은 개인의 발전뿐만 아니라, "인간의 사회적 가치에서 성립하는 문화에로의 최초의 진보" 또한 가능케 하는 원천이다. 칸트는 인간의 무한한 잠재력은 사회 속에서 인간들이 상호 간에 벌이는 항쟁, 즉 경쟁을 통해서만 계발될 수 있다는 주장을 펴고 있다. 한편 다음의 글들을 보자.

경제적 관점에서 보면 과학계는 토너먼트 구조다. 생산성에서의 작은 차이를 인정과 보상의 큰 차이로 부풀림으로써 치열한 경쟁을 유도하는 것이다. 미국과 스웨덴에 류마티스성 관절염과 관련된 특정 유전자를 찾는 과학자 집단이 있다. 이 두 집단은 경주를 벌이고 있다. 이들은 이 유전자를 가지고 있는 모든 집안과 세대를 찾아냈다. 그런데 한 가지 문제가 있었다. 양쪽 연구팀이 확보한 표본의 크기가 너무 작아서 통계학적으로 의미를 가지지 못하는 것이었다. 이 때문에 양쪽 연구팀 모두 충분히 의미 있는 자료를 만들어 내지 못했다. 경쟁 때문에 연구 표본이 양쪽으로 갈려 버렸고, 그 양쪽 표본 집단 모두 의미 있는 큰 규모를 이루지 못한 것이다. 위대한 과학, 똑똑한 과학자들이 직업적인 경쟁 때문에 오도 가도 못하고 좌절하는 것이다.

- 마가릿 해프넌, 《경쟁의 배신》 중에서

'경쟁'이라는 단어를 라틴어의 어원으로 분석해보면 최선의 결론을 얻기 위해 '함께 추구하다.'라는 의미를 가지고 있다. 어원적으로 경쟁의 결과가 반드시 유일한 승리자를 탄생시킨다는 것을 의미하지는 않는 것이다. 그러나 지구촌에서 세계화의 열풍이 몰아치면서 새로운 경쟁의 시대가 도래하게 되었다. 경쟁논리가 지배하는 현대 사회는 승리자와 패배자가 확연하게 구분되는 사회이다. 이러한 과도한 경쟁이 초래하는 역효과 중 가장 우려할 만한 것이 모든 사람이 모든 사람과 경쟁할 경우 경쟁의 가치가 궁극적으로 상실되어 버린다는 점이다. 경제협력개발기구 사무총장을 지낸 에밀리 반 리네프는 경쟁이 세계 문제 해결의 대안이라는 점을 비판하면서 "경제협력개발기구에 속한 선진국이 누구를 위해서 더 경쟁력을 갖추어야 하는가? 개발도상국을 위해서인가? 아니면 달을 위해서인가?"라고 반문한 적이 있다. 사뮤엘 브티탄도 "모든 사람이 모든 사람을 상대로 경쟁할 수는 없다."고 주장한다. 현재와 같은 경쟁 구조가 고착화된다면 사회 시스템 자체가 붕괴되어 결국 공멸에 이를 수밖에 없을 것이기 때문이다.

-《경쟁의 한계 -리스본 그룹 보고서》중에서

위의 두 제시문은 경쟁으로 인해 발생하는 부정적인 측면을 강조하고 있다. 《경쟁의 배신》에서는 과학자들이 경쟁으로 인해 의미있는 결과를 도출하지 못하는 상황을 《경쟁의 한계 -리스본 그룹 보고서》에서는 과도한 경쟁으로 인해 경쟁의 궁극적 가치인 최선의 결론에 도달하지 못하고 공멸에 이를 수 있음을 경고한다. 이와 같은 문제를 해결하기 위해서는 경쟁에 일정한 제한을 가하는 것이 필요하다. 우선 기회가 균등하게 보장되도록 제도적 장치를 마련해야 한다. 다음으로 경쟁에서 공정성을 확보하기 위해 정부의 적절한 감독과 개입이 필요하다. 마지막으로 패자에게는 부활의 기회를 줘야 한다. 단 한 번의 실패로 나락으로 떨어지는 사회에서는 경쟁에서 패하지 않기 위해 수단과 방법을 가리지 않을 것이기 때문이다.

협력의 긍정적 측면과 부정적 측면

예전의 연구 주제에는 집단 내에서는 타인과 협력하지만, 집단 간에는 서로 경쟁하는 협력조건을 설정한 것도 있다. 혹자는 이러한 협력/경쟁 구조에 대해 협력이 많은 성과를 내는 것이 집단 간의 경쟁 때문이 아니냐고 의문을 제기할 수도 있다. 그러나 많은 연구자들이 이러한 변수에 대해 조사를 한 결과, 지금은 성과와 경쟁이 무관하다는 것이 밝혀졌다. 반면 에미 페피톤은 "집단 간의 경쟁이 있든 없든 협력은 성과에 도움이 된다."라고 말했다. 이는 "집단 내 협력과 집단 간 경쟁이라는 상황에서 학생들은 집단 간 경쟁이 존재하지 않는 것처럼 행동한다."라는 연구 결과 때문이다.

최근 도이치라는 연구자는 임무의 완수에 따른 보상의 분배 방식에 대해서도 조사했다. 그 방식에는 승자 독식(대부분의 콘테스트에서 그렇듯이), 성과에 비례하는 배분, 그리고 균등 배분이 있다. 우리는 대부분의 경쟁이 성과를 높인다고 생각하므로 앞의 두 가지 분배 방식이 사람들을 더욱 열심히 일하게 만들 것이라고 예상한다. 즉 탐나는 보상을 승자에게만 주면 최고의 성과를 올릴 수 있다고 믿는 것이다. 이러한 추론이 맞는지를 알아보기 위해 컬럼비아대학 학생을 대상으로 여섯 가지의 실험을 하였다. 여기에는 일본어로 된 시를 해석하는 것과 항아리 속에 들어있는

88

젤리의 개수를 맞추는 것과 같은 과제가 포함되었다. 결과는 다음과 같다. 독자적으로 수행할 수 있는 과제(상호의존도가 낮은 과제)에서는 보상의 분배 방식이 일을 잘하고 못하는 것에 큰 영향을 끼치지 못했다. 또한 모두가 균등한 보상을 받았을 때보다 성과에 비례하여 보상을 받았을 때가 더 생산적이라는 증거도 전혀 찾아 볼 수 없었다. 그러나 일의 성패가 협동에 달려 있는 경우(상호의존도가 높은 과제)에는 명백한 차이를 보였다. 이를 통해 도이치는 균등 배분 방식이 "최고의 결과를 가져오고, 승자 독식은 최악의 결과를 낳는다."라고 결론 내렸다.

- 알피 콘,《경쟁에 반대한다》중에서

위의 제시문은 협력이 경쟁에 비해 더 높은 성과에 기여한다는 것을 보여준다. 집단 내에서는 협력하면서 동시에 집단 간에 경쟁하는 상황에서 집단의 구성원은 경쟁보다는 협력으로 성과를 낸다는 것이다. 또한 성과의 보상에 관해서는 균등 보상이 승자독식이나 성과에 따라 비례해서 분배하는 것보다 더욱 효율적이라고 주장한다. 성과는 물론 성과의 보상이라는 측면에서도 협력이 경쟁보다 효율적이라는 것이다. 이와 같은 협력의 긍정적 측면은 행복과의 상관성을 살펴보면 더욱 분명하게 드러난다. 사실 자신의 수입이 어떻고, 사회적 지위가 어떻고, 어떤 환경에서 사는지에 상관없이 대부분의 사람들에게 행복이라는 것은 마치 지상과제처럼 소중하고 중요한 것이기 때문이다.

안녕하세요? 오늘 제가 여러분께 들려 드릴 이야기는 '경쟁과 행복'에 관한 것입니다. 혹시 이 주제에 대해 생각해 본 적이 있으신지요? 여러분이 사회에 나가게 되면 아마도 이 문제에 대해 자주 생각하게 될 겁니다. 그런 뜻에서 오늘의 강연이 여러분에게 유익했으면 하는 바람입니다.

자, 먼저 우리가 얼마나 행복한 삶을 살고 있는지부터 살펴볼까요? 모든 사람들은 행복해지길 바라죠. 그래서 우리나라 헌법 제2장 제10조에는 '모든 국민은 인간으로서의 존엄과 가치를 가지며, 행복을 추구할 권리를 가진다.'라는 행복 추구권이 명시되어 있죠. 물론 다른 모든 나라들도 법으로써 이러한 기본 권리를 정하고 있습니다. 그러면 실제 현실은 어떨까요? 우리나라의 경우, 안타깝게도 행복하다고 느끼는 사람들이 많지 않은 듯합니다. 2012년 경제 협력 개발 기구(OECD)가 조사한 우리나라 사람들의 행복 지수는 4.20으로, 다른 국가들의 평균 수준에도 못 미칩니다. 어린이와 청소년도 마찬가지입니다.

······(중략)······

한국의 어린이·청소년 행복 지수를 다른 나라들과 비교·조사한 결과 69.3퍼센트로 경제 협력 개발 기구(OECD) 국가 중 최하위를 기록했습니다.

 그 이유가 뭘까요? 많은 전문가들은 가혹한 경쟁을 부추기는 사회 분위기에 그 원인이 있다고 판단합니다. 그러한 사회에서는 경쟁에서 이기는 사람만이 성공한 삶을 살고 패배한 사람은 자동적으로 소외되죠. 그러다 보니 사람들은 이겨야 한다는 극도의 스트레스를 받게 됩니다. 그렇다면 행복 지수가 높은 나라는 어떤 나라들일까요? 조사 방법에 따라 조금씩 다르겠지만 크게는 두 부류로 나뉩니다. 한 그룹은 물질이 풍요한 북유럽 국가들이고 또 다른 그룹은 가난한 아프리카와 아시아 지역의 국가들입니다. 북유럽 국가들은 경쟁과 성장이 아닌 평등과 분배를 통한 발전을 추구합니다. 그래서 그곳 사람들은 수입의 절반 이상을 세금으로 내는 것을 억울해하지 않고 오히려 당연하게 여깁니다. 한편 아프리카와 아시아 지역의 국가들은 북유럽 국가에 비해 많이 가난하지만 콩 한 쪽도 서로 나누는 공동체 정신이 살아 있습니다. 아마존 밀림의 원주민들도 수확물을 공평하게 나누는 방식으로 다 같이 행복한 사회를 이루어왔죠. 이처럼 문명화의 수준은 차이가 있지만 삶의 질은 다르지 않다는 게 새삼 놀랍죠?

- 고등학교 《국어 Ⅱ》 교과서 중에서

대한민국 헌법에는 인간의 존엄과 가치 추구, 행복 추구권이 보장되어 있지만, 실제로 우리나라의 행복지수는 그다지 높은 편이 아니다. 현실적으로 우리나라에서 행복 지수가 다른 나라들에 비해 낮은 것은 가혹한 경쟁을 부추기는 사회적 분위기 때문이라는 것이다. 한 마디로 말하자면 '가혹한 경쟁이 행복을 파괴한다.'는 것이다. 따라서 이겨야 한다는 생각 때문에 스트레스를 받기보다는 평등과 분배, 작은 것까지 도 서로 나누는 공동체 정신을 가지면 사회가 행복해질 수 있다는 것 이다. 즉, 행복과 상관성을 갖는 사회적 가치는 경쟁보다는 협력이라 는 것이다. 그렇다고 해서 협력으로 모든 문제를 해결할 수 있다는 것 은 아니며 협력만이 행복을 보장한다는 것은 아니다.

오늘날 '협력'이란 미덕이 과거 '복종'이 점해왔던 자리를 차지하 게 된 데에는 민주주의의 영향이 크다. 옛날에 교사들은 흔히 아 이가 불복종한다고 말했지만 요즘의 교사들은 아이가 '비협조적' 이라고 말한다. 결국에는 같은 얘기다. 아이는 선생님이 바라는 것을 하지 못한다. 옛날의 교사는 권위적 정부처럼 행동하는 것 이고, 요즘의 교사는 '국민의 대표' 즉 그 아이를 제외한 모든 아 이들의 대표처럼 행동하는 것이다. 다수결이 지배하는 민주주의 시대에는 고분고분함, 무비판적 수용, 패거리 본능, 인습 등이 존 중되고, 그리하여 필연적으로 독창성과 주도력, 비범한 사고는 저 지당한다. 가치있는 일을 이루어낸 성인들이 '협조적인' 아이였던 경우는 드물다. 대체로 그들은 고독을 즐겼다. 야만적인 동시대인들의 주목을 벗어날 때 가장 큰 행복을 느꼈다. 예술가나 작가, 과학자로서 명성을 떨친 거의 모든 사람들이 어린 시절에는 학교 친구들의 조소와 경멸의 대상이었고, 교사들도 패거리를 편드는 경우가 많았다. 조그만 아이가 남다르게 구는 것이 아마도 그들에게 불쾌하게 느껴졌을 것이다.

나만을 위해 살지 않고 공동체와의 관계 속에서 사는 것은 옳다. 그러나 공동체를 위해 산다는 것이 공동체가 하자는 대로 한다는 의미는 결코 아니다. 이런 경우가 있다. 영화를 보고 있는데 갑자기 극장에 불이 났다. 사람들이 아귀다툼 하며 우르르 몰려 나갈 것이다. 모두가 좁은 문으로 한꺼번에 몰려 나간다면 대부분의 사람들은 못 빠져 나간다. 이렇게 몰려나가는 사람들은 이른바 '협력'보다도 차원 높은 도덕성을 배우지 못하였기 때문이다. 이들이 합심해서 빠져나간다면 모두가 빠져나갈 수 있다는 그릇된 생각을 하는 것이다.

이 제시문은 협력의 부정적 측면을 보여주고 있다. 여기서 협력이란 불이 난 극장에서 먼저 탈출하기 위해 아귀다툼을 하는 상황에 스스로 참여하는 것과 같기 때문이다. 그 아귀다툼에 '협력'하는 것은 협력을 복종과 동일시하는 것이며, 협력을 일종의 반(反)민주주의적 원리로 격하시키는 것이라는 제시문의 주장에는 그냥 지나치기 어려운 진실이 담겨 있다. 오늘날 인류가 수행하는 가장 끔찍한 행위라 할 수 있는 전쟁 역시 이와 같은 '협력'의 결과물이기 때문이다.

협력의 비밀

'죄수의 딜레마'라는 게임이 있다. 이 게임이 죄수의 딜레마라고 불리는 이유는 서로에 대해 불리한 증거를 제시함으로써 자신의 형량을 줄일 수 있는 기회를 갖고 있는 두 사람의 죄수에 관한 이야기이기 때문이다. 두 사람의 죄수가 서로 의리를 지킨다면 두 사람 모두 유죄를 선고받을 것이다. 하지만, 서로에게 불리한 증거를 폭로한 경우보다는 형량이 적기 때문에 두 사람 모두에게 이익이다. 이때 두 사람 중에서 어느 한쪽이 배신하고 다른 쪽이 의리를 지킨다면 의리를 지키지 않고 배신한 쪽이 훨씬 유리한 상황에 놓이게 되는데 여기에서 딜레마가 발생한다. 논리적으로는 배신, 즉 이기적으로 행동하는 것이 가장 합리적이라고 할 수 있다.

하지만, 죄수의 딜레마 게임을 두 차례 이상 시행할 경우에 가장 합리적인 선택은 이기적인 행동, 즉 배신이 아니다. 두 동료에게 현금을 주고 100회에 걸쳐 게임을 반복하도록 했다. 결과는 예상 밖으로 그들은 이기심을 극복하고 서로 의리를 지키며 협력하는 모습을 보였는데, 100회 중에서 60회 이상은 협력을 했다고 한다. 그들이 기록했던 게임의 기록을 보면, 그들은 상대의 호의를 유도하기 위해 먼저 상대에게 호의를 보였다. 이런 태도는 마지막까지 계속해서 나타났는데 동일한 상대와 반복적으로 여러 차례의 게임을 하는 경우에는 배신이 아니라 의리를 지키는 것으로 게임의 규칙이 수정되었다는 것이다.

'죄수의 딜레마'라는 게임의 결과를 통해 우리는 사람들이 자기만의 이익을 위해 상대방을 배신하는 존재가 아니라 서로의 이익을 위해 상호 협력할 수 있는 존재라는 사실을 알 수 있다. 인간은 이기적인 본성을 지닌 존재라기보다는 오히려 서로 협력할 수 있는 이타적인 본성을 지닌 존재이다. 이런 점으로 미루어 보자면 협력을 통한 상생의 방식이 인간에게 더 익숙한 방식이라고 할 수 있다. 또한 우리가 사회 속에서 살아간다는 것은 '죄수의 딜레마'와 동일한 유형의 게임에 반복적으로 참여하는 것과 비슷하다. 그렇다면 우리가 선택해야 할 방식은 이기적인 본성을 바탕으로 한 경쟁이 아니라 협력을 통한 상생이 되어야 할 것이다.

> 1차 세계대전 당시 서부전선에서는 몇 치의 영토를 놓고 치열한 전투가 벌어졌다. 그러나 전투가 중단된 동안은 물론 전투를 하는 동안에도 프랑스와 벨기에 영토의 800㎞에 걸친 여러 전선에서는 적군끼리 서로 상당히 자제하는 일이 허다했다. 이들 참호를 둘러본 한 영국군 참모 장교는 이렇게 기록했다.

"나는 독일 병사들이 그들 방어선 안의 아군 소통 사정거리 내에서 태연하게 걸어 다니는 모습을 보고 깜짝 놀랐다. 아군 병사들도 신경을 쓰지 않는 것 같았다. 나는 나중에 우리가 이 지구를 맡게 되면 이것부터 뜯어 고쳐야겠다고 마음먹었다. 그건 있을 수 없는 일이었다. 병사들은 현재 전쟁을 하고 있다는 사실을 까맣게 잊은 듯했다. 양측 모두 '공존공영(共存共榮)' 정책을 철석같이 믿고 있는 게 분명했다."

이런 일은 이 참호에서만 일어난 것이 아니었다. 공존공영 시스템은 고질적인 것이었다.

상급 지휘자들이 아무리 그렇게 하지 못하도록 해도, 전투가 아무리 치열해져도, 죽이지 않으면 죽는다는 전투 논리 앞에서도, 그리고 상부 명령으로 국지적 휴전이 좀처럼 이뤄지기 힘든데도 공존공영 시스템은 활개를 쳤다.

이것은 극한의 적대 관계에 있음에도 불구하고 경기자들 사이에서 협력이 발생할 수 있음을 증명하는 생생한 사례이다.

　　- 제레미 리프킨, 《공감의 문명(Empathic Civilization)》 중에서

이 제시문은 협력을 통해 전쟁이라는 극단적인 '경쟁'의 상황을 극복할 수 있다는 가능성을 보여준다. 자신의 생명을 지키지 못할 수도 있는 상황에서 적으로 만난 병사들은 인간애를 발휘해 공존공영을 선

택한다. 경쟁이 아닌 협력을 선택함으로써 휴머니즘이 발현되는 것이다. 이 상황을 통해서도 알 수 있는 것처럼 경쟁은 때때로 아주 반인간적인 모습으로 드러나기도 하는데 이를 극복할 수 있는 유일한 방법이 협력일지도 모른다.

협력은 정서적인 안정감이나 원만한 대인관계, 그리고 정체성의 정립은 물론 타인에 대한 신뢰감과 미래에 대한 낙관 등과 같은 심리적 건강함을 나타내는 많은 지표들에도 긍정적 영향을 미친다는 주장이 있다. 이런 주장을 펼치는 이들은 경쟁이 개인의 심리적인 안정감이나 행복감을 느끼는 것에 좋지 않은 영향을 미친다고 말한다. 경쟁은 필연적으로 승리에 도달하기까지의 불안감, 패배에 대한 두려움, 타인에게 패배를 안긴다는 죄의식, 경쟁 자체가 주는 불안 등을 느낄 수밖에 없다. 뿐만 아니라, 경쟁은 협력과 달리 스스로의 힘으로 무언가를 이루어내려는 성취 동기와 자발적으로 역량을 키우려는 내적 의지를 이끌어내는 것도 거의 불가능하게 만든다. 결과적으로 경쟁에서의 승리를 통해서는 패배의 고통을 보상받을 수 없으며 어떤 의미 있는 방식의 만족감을 얻을 수도 없다는 주장이다. 왜 그런 것일까? 그들은 이유를 경쟁의 구조에서 찾는다. 경쟁을 통해 얻은 승리는 그것이 어떤 것이든 영구적일 수 없으며 잠시 동안 느끼는 승리의 쾌감이 진정한 만족으로 연결될 수는 없기 때문이다. 시험 성적이나 직장 생활에서의 성공, 스포츠 종목에서 정상에 오른다고 하더라도 다르지 않다. 정점의 위치에 선다는 것은 언제나 다른 경쟁자들의 표적이 될 수밖에 없기 때문이다. 이는 비단 개인을 넘어서 국가적인 차원에서도 마찬가지이다. 심지어 가장 부유하거나 가장 강력한 군사력을 가진 나라라고 하더라도 주변 국가들의 견제에서 자유로울 수 없기 때문이다.

물론 승리자가 되고 정점의 위치에 선다는 것은 다른 사람들의 부러움을 사고, 누군가의 목표가 된다는 것은 충분히 만족스러운 일일 수도 있다. 하지만, 정상에 서 있다는 만족감으로 모든 불안을 말끔히 씻어낼 수는 없는 일이다. 왜냐하면 누구도 영원히 정상에 서 있을 수는 없는 것이기 때문이다. 이는 너무나 분명한 사실이다. 또한 경쟁은 사회 전체에 심각한 영향을 끼친다. '만인에 대한 만인의 투쟁'이 사회 전체의 시스템으로 자리잡게 되면 개인과 개인의 경쟁이 격화되고 이는 사회 내부적인 적대감이 누적되는 결과로 이어진다. 결국 개개인의 고립감과 불안감이 심화되고 이로 인해 보다 격렬한 경쟁과 투쟁으로 이어지는 악순환의 고리가 될 것이기 때문이다. 이는 사회 전체를 비극으로 만들 수 있다. 경쟁에 대한 근본적 인식 전환이 필요한 지점이다.

기생 생물과 숙주는 날을 세운 창과 무쇠를 덧댄 방패와 같다. 한쪽은 끊임없이 양분을 빼앗으려 하고, 한쪽은 어떻게든 방어하려 한다. 이때 문제가 발생한다. 기생 생물은 가능한 한 숙주로부터 많은 것을 빼앗는 것이 유리하지만 숙주가 죽게 되면 기생 생물에 게도 오히려 해가 된다. 기생 생물에게 숙주는 양분을 공급해 주는 먹잇감인 동시에 살아가는 서식처이기 때문이다. 따라서 기생 생물은 최적의 생활 조건을 유지하기 위해 '중용(中庸)의 도'를 깨달 아야 하는 상황에 놓인다. 이때쯤 되면 기생 생물은 자신의 종족이 장기적으로 번성하려면 많은 영양분을 한꺼번에 빼앗아 숙주를 죽이는 것이 아니라 견딜 수 있을 만큼만 빼앗아 숙주를 살려 둔 상태로 장기간 수탈하는 것이 더 낫다고 판단한 것처럼 행동한다.

······(중략)······

이처럼 미생물과 인간은 서로가 서로를 공격할 뿐 아니라 서로가 상대에게 영향을 주며 공생하기도 한다. 공생 관계로 진전되지 못하고 여전히 적대 관계에 놓여 있더라도 미생물과 숙주 사이에 발생하는 미묘한 균형점이 오히려 생물의 진화를 촉진했다는 견해도 있다. 맷 리들리는 "붉은 여왕"에서 기생충과 숙주의 경쟁 관계를 '붉은 여왕 이론'으로 설명한다. 붉은 여왕 이론이란 루이스 캐럴이 쓴 소설 "거울 나라 앨리스"에 등장하는 '붉은 여왕'의 나라가 지닌 특징에 착안해 붙인 이름이다. 붉은 여왕의 나라에서는 땅이 끊임없이 뒤로 움직이고 있기 때문에 제자리에 있고 싶으면 항상 뛰어야 한다. 만약 조금이라도 지체했다가는 가차없이 뒤쪽으로 밀리게 되므로 조금이라도 앞으로 나아가려면 죽

을힘을 다해 뛰어야만 한다. 맷 리들리는 붉은 여왕의 나라가 지닌 특성에 빗대어 기생충과 숙주는 제자리에 있기 위해서, 즉 생존하기 위해서 끊임없이 서로를 공격하고 방어해야 하는 관계로 설명하면서 경쟁을 통한 이러한 변화 과정을 진화의 원동력이라고 주장한다.

- 고등학교 《독서와 문법》 교과서 중에서

　위의 제시문은 경쟁과 진화의 상관성에 초점을 맞추어 생물의 공존과 진화에서 가장 중요한 것은 균형적 경쟁관계라는 주장을 펼친다. 생물과 숙주의 사례를 통해 '경쟁적 공생'을 설명하는데, 한마디로 공생하며 진화하는 과정들이 경쟁을 통해 진행된다는 것이다. 일반적으로 생물과 숙주의 관계는 수탈과 방어의 경쟁적 관계라고 알려져 있다. 하지만, 실제로는 적절한 균형점을 유지하면서 공생하고 있다. 이와 같은 경쟁적 균형관계가 생물 진화의 원동력이 된다. 또한 이 제시문에서는 붉은 여왕의 나라에서 뒤로 밀리지 않기 위해서 끊임없이 움직여야하는 것이 서로를 끊임없이 공격하고 방어하는 기생생물과 숙주의 관계와 유사하다는 사실을 이용해서 기생생물과 숙주의 관계를 '붉은 여왕 이론'을 통해서 설명하고 있다. '붉은 여왕 이론'에 따르면 기생생물과 숙주는 서로 제자리에 지키기 위해 서로 공격하며 방어해야 하는 경쟁적 공생 관계에 놓여 있다는 것이다.

'니치'란 환경에서 생물이 차지하고 있는 역할이나 지위를 뜻하는 말로, 원래 경쟁을 설명하기 위해 만들어진 것이다. 생태계 구성 이론으로 볼 때 동일한 또는 너무 비슷한 '니치'를 지닌 두 생물은 절대로 공존할 수 없다. 이른바 '경쟁적 배제 원리'에 따르면 두 생물이 환경에서 추구하는 바가 너무 지나치게 겹치면 함께 살 수 없고 반드시 한 종이 다른 종을 밀어내게 된다. 그래서 지구의 생물들은 그 오랜 진화의 역사를 통해 서로 간의 유사성을 줄여 공존할 수 있도록 변화해 왔다. 그 결과가 오늘날 우리 앞에 파노라마처럼 펼쳐져 있는 이 엄청난 생물 다양성이다.

······(중략)······

자연은 꼭 남을 해쳐야만 살아갈 수 있는 곳은 아니게끔 진화했다. 생물들이 서로 도움으로써 훨씬 더 잘 살게 된 경우들이 허다하다. 공생 또는 상리 공생의 예는 개미와 진딧물, 벌과 꽃, 과일과 과일을 먹고 먼 곳에 가서 배설해 주는 동물 등 참으로 다양하다. 이러한 사실을 몰랐을 당시의 생태학자들은 늘 경쟁이 자연을 지배하는 법칙인 줄로만 알았지만, 이제는 자연도 사랑, 희생, 화해, 평화 등을 품고 있다는 사실을 인식한다. 모두가 팽팽하게 경쟁만 하면서 서로 손해를 보며 사는 사회에서 서로 도우며 함께 잘 사는 방법을 터득한 생물들도 뜻밖에 많다는 것을 발견하게 된 것이다.

우리는 우리 자신을 '호모 사피엔스'라고 추켜세운다. '현명한 인류'라고 말이다. 나는 우리가 두뇌 회전이 빠른, 대단히 똑똑한 동물이라는 점에는 동의하지만 현명하다는 데에는 결코 동의할 수 없다. 우리가 진정 현명한 인류라면 스스로 자기 집을 불태우는 우는 범하지 말았어야 한다. 우리가 이 지구에 더 오래 살아남고 싶다면 나는 이제 우리가 호모 심비우스, 즉 공생인(共生人)으로 겸허하게 거듭나야 한다고 생각한다. '호모 심비우스'는 동료 인간들은 물론 다른 생물 종들과도 밀접한 관계를 유지한다. '호모 심비우스'의 개념은 환경적이기도 하지만 사회적이기도 하다. '호모 심비우스'는 다른 생물들과 공존하기를 열망하는 한편 지구촌 모든 사람들과 함께 평화롭게 살기를 원한다. 과학이 설령 개인들 간의 차이, 그리고 인종 간의 차이를 드러내고 그 차이에 기반한 경쟁이 당연한 귀결이라고 하더라도 인간에게 주어진 조건은 경쟁을 넘어선 협력을 강조한다. '호모 심비우스'적인 삶 속에서 이기적인 인간은 설 곳이 없다. 아니 협력하는 인간만이 살아남을 것이다. 생존 조건이 다시 윤리를 규정하고 그 윤리가 인간의 생존 전략이 된다. 이런 의미에서 공생하는 인간, 호모 심비우스는 크게 한 바퀴를 돌아 현명한 인간, 호모 사피엔스를 만난다.

- 고등학교 《국어 Ⅱ》 교과서 중에서

이 제시문에서는 '경쟁'을 배제하고 '협력'을 도모하는 생물들의 공생 관계가 강조되고 있다. 저자는 생물 종의 관계를 인류의 사회적 관계로 확대해서 공존의 윤리, 즉 인류의 생존을 위한 공존의 비전을 제시한다. 제시문에 등장하는 '호모 심비우스'의 비전은 인류의 생존 조건이 요구하는 윤리이면서 동시에 인류의 생존전략이기도 한데 이를 통해 경쟁을 넘어 평화로운 공생을 보장할 수 있다는 것이다.

협력을 도모하는 생물들의 공생 관계에 대한 사례로는 비슷한 '니치'를 지니지 않도록 서로 간의 유사성을 줄여 생물 다양성을 만들어 낸 현상과 서로 도움이 되는 상리공생(相利共生) 관계를 터득한 생물들을 제시한다. 이렇게 생물들이 공생하는 모습을 통해 인류의 공존 윤리를 찾고 있다. 인류는 자신을 현명하다고 생각해서 스스로를 '호모 사피엔스'라 부르고 있지만, 실제로 인류는 전혀 현명하지 않다. 서로 경쟁하고 서로 파괴하고 있기 때문이다. 이것이 '호모 심비우스'와 같은 환경적으로도 사회적으로도 공생의 윤리를 갖춘 새로운 인류의 출현을 요구하는 이유라는 것이다. 스스로를 '호모 사피엔스'라 부르는 인간이 지구에서 살아남기 위해서는 다른 생물 종들과 공존해야 한다. 또한 같은 종인 인간들과도 평화롭게 공존하는 지혜를 갖추어야 한다. 이것이 저자가 제시하는 협력을 통해 생존할 수 있는 '호모 심비우스'의 윤리이자 생존전략이다.

오늘날 인간의 행동은 매우 다양한 방식으로 나타난다. 하지만. 인간의 뇌 속에 협력과 경쟁, 그리고 협력과 경쟁의 공존이라는 환경을 탐색하는 데 필요한 심리 가운데 많은 부분이 소멸되거나 남아있지 않다면 이는 놀라운 일이었을지도 모른다. 설사 인간의 정신이 이기적 유전자에 의해 만들어졌다고 하더라도 인간은 사회적 본능을 가지고 있다. 그러므로 인간의 정신은 사회성을 지향한다. 인간은 세상에 태어나면서 협력의 방식을 배우고 믿을만한 사람과 그렇지 못한 사람을 구별하며 스스로 믿을만한 사람이 되어 좋은 평판을 쌓으려고 한다. 집단 내에서 정교한 협력, 집단 간의 치열한 경쟁, 그리고 특권을 누리기 위해서 가장 힘 있는 집단에 속하려는 개인 간의 경쟁이 공존하는 환경에서 살아가기 위한 유일한 방법이기 때문이다. 물론 인간의 사회성, 즉 협력의 출현을 제대로 이해하기 위해서는 궁극적으로 진화론적 설명이 필요하다고 할 수도 있지만, 이것이 오직 인간만이 갖고 있는 능력임은 분명하다. 인간 이외에 이 같은 진화 경로를 겪어 온 동물 종은 없기 때문이다. 다른 동물 종들 중에서 발견되는 진정한 의미에서의 협력적인 사회는 개미와 같은 '가족집단'밖에 없다. 하지만, 인간의 협력은 정교하고 경이로운 현상이라는 점에서 본능적으로 이루어지는 개미 군체의 협력과는 차원을 달리한다. 실제로 인간들 사이에서 이루어지는 협력이 자연계에서는 그 유례를 찾을 수 없을 뿐만 아니라, 독특한 진화 혈통을 지닌 인간만의 고유한 특징이기도 하다.

경쟁교육과 공동체 교육

인간은 경쟁보다는 협력에 힘입어 인간답게 발전해 올 수 있었다. 무한경쟁 시대에 살아남기 위해서는 학교에서부터 경쟁력을 길러줘야 한다는 논리는 다윈의 진화론을 인간 사회에 적용한 사회진화론(social Darwinism)에 이론적 토대를 두고 있다. 하지만, 적자생존의 원리가 유일한 자연법칙은 아니다. 무정부주의의 대가 크로포트킨은 1902년에 출간된 저서 《상호부조론》을 통해서 동물과 인간은 경쟁뿐만 아니라 협조를 통해서 살아가는 존재라는 것을 밝혔다. 그는 이 책에서 다윈의 진화론을 사회 현상에 확대적용하여 '적자생존'을 주장했던 허버트 스펜서류의 사회진화론에 반격을 가했다. "만인에 대한 만인의 투쟁이 자연의 유일 법칙은 아니다. 상호 투쟁만큼이나 상호부조 역시 자연의 법칙이다."라는 것이 그의 주장이다. 그는 서로 싸우는 개체보다는 서로 연대하고 돕는 개체들이 자연선택에서 더 잘 살아남는다는 것을 논증하는 수많은 예를 들었다. 개미, 벌, 딱정벌레, 게, 독수리에서부터 인간 세상까지, 그리고 중세의 길드부터 현대의 노동조합까지 그가 드는 예는 무궁무진하다. 그는 사회성과 연대가 없는 종들은 결국 멸망에 이른다고 강력히 주장하였다. 경쟁보다는 협력을 좇는 개체들이 자연계에서 살아남기 유리하다는 것은 개미나 꿀벌 같은 곤충 외에도 많은 예를 들 수 있다.

인간의 선천적 본성과 관련된 문제는 앞에서 지적했던 것처럼 사회

구성원의 교육방식과도 밀접한 관련을 갖는다. 인간의 이기적인 본성을 전제한 교육의 방식이 '경쟁교육'이라면 인간의 이타적인 속성을 전제하는 것이 '공동체 교육'이다.

자본주의는 기본적으로 인간의 이기적인 속성에 의한 경제활동이 핵심이다. 자본주의를 지지하는 사람들은 인간의 이기적 속성이라는 '보이지 않는 손'을 통해 개개인의 욕구 충족뿐만 아니라 절제까지도 가능하게 만들 수 있을 것이라고 생각했다. 절제하지 않는 무분별한 욕구 충족은 자신의 이익을 침해하는 결과로 나타날 수도 있기 때문이다. 이와 같은 인간의 이기적인 속성을 전제하는 교육방식이 경쟁교육이다. 인간은 태어나면서부터 약육강식의 환경 속에서 살아가야 하는 운명을 가진 존재이기 때문에 그 속에서 생존하기 위해서는 경쟁력을 기를 수밖에 없다는 것이다.

이와 달리 사회주의는 인간의 이타적인 속성에 의해 경제활동이 이루어진다는 생각을 핵심으로 한다. 사회주의를 지지하는 사람들은 인간의 이타심이라는 윤리적 기준에 따라 자기 스스로의 욕구를 어느 정도 절제함으로써 자신뿐만 아니라 타인의 욕구 충족까지 실현할 수 있다고 생각했다. 그래서 그들은 가치를 공유하고 나누는 일에 집중한다. 이와 같은 인간의 이타적인 속성을 전제하는 교육방식이 공동체 교육이다. 인간은 태어나면서부터 약육강식의 환경 속에서 살아가야 하는 운명을 가진 존재이기 때문에 그 속에서 생존하기 위해서는 개인의 경쟁력이 아니라 협력과 연대가 필요하다는 것이다.

교육의 궁극적인 목적이 아이들에게 미래를 살아갈 수 있도록 힘을 키워주는 것이라면, 더불어 사는 능력을 길러주는 것이야말로 우리 교육의 최우선 과제가 되어야 할 것이다. 인간은 기본적으로 혼자 살아갈 수 없고, 미래사회는 개인의 능력보다 공동의 능력이 요구되기 때문에 공존능력이 더욱 필요할 것이다.

이제까지 경쟁과 협력이라는 문제해결의 방식에 대해 살펴보았다. 처음부터 강조했던 합리적인 사고의 전개라는 틀에 맞춰서 이를 정리하면 다음과 같다.

네 번째 단짝
키워드

04

사회적 가치

효율성과 형평성

사회적 가치

효율성과 형평성

오늘날 대부분의 공동체가 추구하는 사회적 가치는 '형평성'과 '효율성'이다. 대립하는 것처럼 보이는 '형평'과 '효율'이 실제적인 상황에서 어떤 상관관계를 맺게 되는지, 과연 양립 불가능한지 아니면 서로 조화를 이룰 수 있는지에 대해서 살펴보자. 이 주제는 우리 사회의 현실과 밀접한 연관성을 지니고 있을 뿐만 아니라, 다양한 학문 분야에서 핵심적인 연구 주제로 여겨지고 있다. 또한 고등학교 사회 교과에서도 비중 있게 다루어지는 문제이기도 하다.

효율성은 '최소의 대가로 최대의 효과를 구한다.'는 경제 행위의 원칙을 말한다. 비용과 편익을 고려하여 자원이 얼마나 적재적소에 배분

되었는지를 판가름하는 기준이다. 이를 달리 표현하면, 의도한 효과를 가장 적은 비용으로 달성하는 상태 혹은 동일한 비용으로 가장 좋은 성과를 창출하는 상태라고 할 수 있을 것이다. 이와 달리 형평성은 '생산된 재화의 균형적인 분배나 사물이 균형을 이루는 상태'를 말한다. 즉, 형평성은 분배가 얼마나 적절하게 이루어졌는지에 대한 기준이다. 산업화 이후 경제의 고도성장으로 절대 빈곤은 사라졌지만, 이후 신자유주의의 등장으로 부의 분배가 불균등하게 이루어지면서 형평성이 흔들리는 경향이 나타났고 점차 심화되고 있다.

신자유주의는 학자에 따라 이론상 적지 않은 차이가 있으나, 그 중요한 특징을 요약하면 다음과 같다. 첫째, 정부의 시장 개입을 비판한다. 정부가 경제에 개입하는 것은 경제의 효율성과 형평성을 오히려 약화시킨다는 것이다. 둘째, 정부 권한과 기능을 축소시키고 개인의 자유와 시장 경제의 확대를 주장한다. 세금 감면, 정부 기구의 축소, 공기업의 민영화, 노동 시장의 유연화 등이 그러한 주장의 주요 내용이다. 셋째, 복지 제도의 감축을 요구한다. 신자유주의자들은 공공복지 제도의 확대가 정부 재정을 팽창시킬 뿐만 아니라, 근로 의욕을 감퇴시키는 복지병을 일으킨다고 본다.

신자유주의는 그 동안 선진국과 후진국에서 나타났던 국가 권력의 확대에 따른 자유의 위축과 비능률을 해소하고 경쟁 시장의 효율성을 강화하는 등의 긍정적 요소를 가지고 있다. 그러나 경제의 불안정, 불황과 실업, 빈부 격차의 확대, 환경 파괴, 선진국과 후진국 간의 갈등 등과 같은 심각한 부작용을 초래할 수도 있다.

- 고등학교 《윤리와 사상》 중에서

우리 나라 역시 성장 위주의 경제 정책으로 인해 국가의 경제 규모는 엄청나게 성장했지만, 부의 불평등 즉, 소득과 자산의 격차는 점점 커지고 있으며, 부의 불평등은 가장 시급하게 해결해야 할 사회문제로 대두되고 있다. 이처럼 오늘날 우리가 직면하고 있는 심각한 양극화 문제는 바로 형평성이라는 가치에 대한 재고가 필요함을 보여준다.

효율성의 긍정적 측면과 부정적 측면

자원의 효율적인 분배를 의미하는 효율성은 앞서 다루었던 인류의 보편적인 두 가지 이념인 자유와 평등 중에서 자유와 밀접한 관련이 있다. 효율성의 긍정적 측면과 부정적 측면을 통해 '보수 이데올로기'의 장단점을 확인할 수 있을 것이다.

〈제시문 1〉
다른 사람과 견주고 싶은 욕망은 인간의 타고난 본성인 듯하다.

04. 사회적 가치

고대 이래로 철학자와 사상가들은 경쟁이 경제와 사회에 미치는 영향에 대해 연구해 왔으며, '좋은 다툼'과 '나쁜 다툼'을 구별했다. 이러한 구별의 근거는 그리스의 시인 헤시오도스의 시에서 찾을 수 있다. '좋은 다툼'을 그리스어로 '아가토스 에리스(agathos eris)'라고 하는데, 이에 대해 헤시오도스는 다음과 같이 읊었다.

남이 잘사는 모습을 보면 누구나
일하고 싶은 의욕이 솟구치므로
부지런히 밭을 갈아 씨를 뿌리고, 집을 짓는다.
이웃과 이웃이 부를 향해 함께 달린다.
이러한 에리스는 인간에게 이롭다.
대장장이는 대장장이끼리, 미장이는 미장이끼리 겨루고
거지는 다른 거지를, 가수는 다른 가수를 시샘한다.

이 시에는 인간이 무엇을 좋아하는지 분명히 나타나 있다. 인간은 대장장이끼리 또는 미장이끼리 벌이는 실력경쟁을 좋아한다. 이러한 경쟁을 통해 대장장이는 다른 대장장이보다 더 훌륭한 가재도구를 만들어내고자 노력하고, 미장이는 다른 미장이보다 더 좋은 집을 지으려고 애쓴다. 그리하여 전체적인 효율성은 증가한다.

〈제시문 2〉

시장에서 재화나 용역의 가격이 형성되면 그 가격은 생산자나 소
비자들에 대한 신호의 역할을 한다. 가령 어떤 재화에 대한 수요
가 증가해서 그 재화의 가격이 올라가면, 이것은 첫째 소비자에
대하여 이 재화를 덜 사용하고 그 대체물을 더 많이 사용하라는
신호가 되며, 둘째 생산자들에 대해서는 이 재화의 생산을 늘리라
는 신호가 되는 것이다. 이리하여 경쟁시장에서 수요와 공급에
의하여 결정되는 재화의 가격은 각 경제 주체가 그들이 행동을
결정할 수 있는 지표와 같은 역할을 하게 되는 것이다. 각 경제 주
체는 이 가격의 움직임에 의하여 그 행동을 조정한다. 소비자가
이 신호에 따라 행동하면 효용이 늘 것이며, 생산자가 이 신호에
따라 움직이면 이윤이 늘어서 결국 국민의 복지와 소득이 극대화
될 것이다. 그런데 지표의 역할을 수행하는 가격은 그것이 경쟁
에 의하여 결정된 것이건, 혹은 정부 관리에 의하여 결정된 것이
건 간에 언제나 자원 배분의 기능을 수행한다. 다만 가격이 경쟁
에 의하여 결정되는 경우에는 가격이 기회비용을 반영하므로 그
가격이 발하는 신호가 합리적이고 따라서 자원의 배분이 효율적
으로 이루어지는 데 비하여, 자의적으로 결정되는 가격의 경우에
는 기회비용을 반영하기 매우 어려우므로 이와 같은 가격이 발하
는 신호는 비합리적이다. 그리하여 이런 상황에서 소비나 생산이

이루어질 경우 자원의 배분이 비효율적이 된다.

두 제시문은 경쟁이 사회의 효율성을 증대시킨다는 주장을 펼치고 있다. 앞의 제시문은 경쟁을 인간의 본성으로 보고, 좋은 다툼이 개인의 능력을 향상시킴으로써 사회 전체의 효율을 증진시킨다는 주장이고, 다음은 소비자와 생산자의 합리적 선택을 이끌어내는 가격 경쟁이 자원의 효율적 배분을 가능하게 함으로써 사회 전체의 이익을 증진시킨다는 주장이다. 경쟁으로 인해 효율성이 증대됨으로써 사회에 긍정적 영향을 미친다는 것을 보여준다.

경제학자 맨큐(Mankiw, G.)에 의하면, 경제적 효율성은 '사회구성원 전체의 경제적 행복'을 극대화하는 방식으로 재화를 분배하는 것이다. 그리고 부족한 자원을 효율적으로 분배하기 위한 방법으로 가치를 가장 높게 평가하는 소비자에게 재화가 돌아갈 수 있도록 해야 한다고 주장했는데, 이를 설명하는 과정에서 '암표 판매'의 예를 들었다. 암표상은 자신이 가진 티켓에다 시장에서 지불가능한 최고의 가격을 매김으로써 실제로 그 최고의 가격을 지불할 수 있는 능력과 의사가 있는 소비자가 티켓을 확보할 수 있다는 것이다. 맨큐는 경제적 효율성을 이렇게 최고의 가격을 제시한 소비자가 티켓을 확보할 수 있게 보장하는 시스템이라고 주장했다.

이것은 효율성 관점에서는 바람직한 상황이라고 할 수 있다. 하지만, 최고의 가격을 제시하는 소비자만 티켓을 확보할 수 있는 이 방식으로 효율성이 충족되더라도 최고의 가격을 지불할 능력이 없는 사람은 티켓을 확보할 수 있는 기회를 가질 수 없다. 결국 암표상의 티켓을 손에 넣을 수 있는 사람과 없는 사람으로 나뉘게 되고 이는 분배 악화로 인한 형평성의 저해로 이어지게 된다. 이것이 효율성 추구의 한계점이라고 할 수 있을 것이다.

효율성의 또 다른 한계는 효율성의 추구가 비효율이라는 결과에 도달할 수도 있다는 것이다. 애덤 스미스는 《국부론》에서 노동자 한 사람이 제품을 만드는 것보다 분업을 통해 제품을 만드는 것이 보다 생산적이라는 것을 보여주었다. 그리고 데이비드 리카도는 《경제학 및 과세의 원리》에서 비교우위론을 주장했다. 비교우위에 있는 분야에 집중해서 제품을 만들고 이를 교역을 하는 것이 훨씬 효율적이란 주장이다. 이들은 작업을 조직화하고 전문화하는 방식이 개별적인 작업에 비해 생산성 향상에 기여한다는 주장을 펼쳤다. '낭비'를 제거하는 효율성의 추구는 무역의 자유화, 투자의 자유화, 탈규제, 민영화, 투명한 자본 시장, 그리고 정부의 효율성 재고 등의 방식으로 오늘날까지도 여전히 영향력을 발휘하고 있다.

일체의 낭비를 제거한다는 이들의 주장은 합리적인 목표로 보인다. 자원을 효율적으로 이용하자는 주장에 무슨 문제가 있겠는가? 하지만, 이렇게 효율성에만 과도하게 무게 중심을 두는 것이 때로는 아주 놀

랍도록 부정적인 효과를 만들어낼 수도 있다. 애덤 스미스나 데이비드 리카도의 주장에 따라 효율성을 꾸준히 높인 기업들이 수익의 대부분을 차지하고 시장을 지배하게 되면 하나의 지배적 사업 모델이 출현한다. 이는 엄청난 실패를 불러올 수 있는 위험과 다수의 착취 가능성을 수반한다. 결과적으로 시장을 지배하는 기업의 효율성이 향상되어 감에 따라 불평등은 심화될 수밖에 없고, 이는 기업의 지속가능성을 저해하는 결과로 나타날 것이기 때문이다.

이와 같은 문제를 해결하기 위해 형평성이라는 가치에 대해 알아볼 필요가 있다.

형평성의 긍정적 측면과 부정적 측면

효율성이 빵의 크기를 최대화하는 문제라면 형평성은 이 빵을 어떤 비율로 나누어 분배하느냐의 문제라고 할 수 있다. 앞서 다루었던 효율성이 인류의 보편적인 이념인 자유와 관련이 있는 것처럼 형평성은 평등과 밀접한 관련이 있다. 효율성이 보수 이데올로기와 관련이 있다고 했으므로 형평성은 당연히 '진보 이데올로기'와 관련이 있다. 형평성이 필요한 이유는 무엇일까? 다음의 글에서 그 이유를 살펴보자.

자본주의 사회의 시장 경제 체제에서 개인은 자유롭게 경쟁한다.
자유로운 경쟁 속에서 열심히 노력하는 만큼 자신의 몫이 달라지고, 이를 위해 더 효율적으로 결과를 내려고 하기 때문에 창의성과 생산성이 그만큼 증가한다. 이렇듯 자유 경쟁에 따라 창의성과 생산성이 증가하면서, 전체적인 생활 수준이 향상되었다. 그러나 사회 구성원 간에 경제적 불평등이 심화되는 문제점이 발생하였다. 경제적 불평등으로 인한 사회의 분열과 사회 구성원 간의 상대적 박탈감을 해소하기 위해서는 국가가 개입하는 것이 필요하다. 사회 구성원으로서의 개인은 모두 인간답게 살 권리를 가지며, 현대 국가는 이러한 권리를 보장하고 분배 정의를 실현하기 위하여 노력한다. 사회보장정책, 국민연금, 건강보험 등을 실시하는 것이 그 예이다. 이렇듯 복지 제도는 분배 정의와 분리하여 생각할 수 없으며, 모두가 합의할 수 있는 분배 정의를 실현하는 복지국가를 만들기 위해서는 국가의 제도적 노력이 반드시 필요하다.

—고등학교 《도덕》 중에서

위의 제시문은 자본주의 시장 경제 체제에서 개인의 자유로운 경쟁이 갖는 효율성이 창의성과 생산성의 증가로 생활수준의 향상을 가져왔다고 본다. 또한 사회적 약자에 대한 공동체의 도움이 필요하다는 입장이다. 그렇기 때문에 경제적 불평등을 완화하기 위한 복지정책을 주장하며, '통제범위'를 벗어난 환경 때문에 발생되는 빈곤과 기아를 구제하는 공동체적 의무를 인정하는 것이다.

이런 입장에 서 있는 사람들은 분배 정의를 실현하기 위한 정부 주도의 복지정책을 강조한다. 경제적 불평등의 심화가 사회적 분열과 상대적 박탈감을 야기하기에 구성원 모두에게 인간답게 살 권리를 보장하기 위해 정부의 적극적 개입이 필요하다는 것이다.

경제 개발 초기의 국토종합개발계획은 성장 거점 개발 방식으로 진행되었다. 모든 지역에 균등하게 투자하면 경제적 효율성이 낮기 때문에 특정 지역에 자본을 집중 투자하는 방식으로 경제 성장을 추구한 것이다. 하지만 이 과정에서 개발 대상 지역과 소외 지역 사이에 심각한 불균형 문제가 발생했다. 이에 최근 국토종합개발계획에서는 균형 발전을 통해 공간적 불평등을 해소하려는 다양한 정책을 추진하고 있다. 혁신도시나 기업도시를 통한 분산형 지역 개발 방안이 그 사례이다. 혁신도시는 공공기관을 수도권에서 지방으로 이전하고, 해당 공공기관과 관련 있는 기업, 학교, 연구소 등을 유치해 지역 발전을 유도하기 위해 만들어진 도시다. 기업도시는 민간 기업이 개발을 주도하는 것으로 산업, 연구, 관광 등 특정 분야를 중심으로 자족적 복합 기능을 갖춘 도시를 뜻한다. 전국 면적의 약 11%에 불과한 수도권에 전체 인구의 50% 정도가 밀집해 있는 상황을 고려할 때, 수도권과 비수도

권, 도시와 농촌, 개발 권역 간의 격차를 줄일 수 있는 균형 발전
이 지속적으로 추진되어야 할 것이다.

- 고등학교 《한국지리》 중에서

이 제시문은 경제개발 초기에는 효율성을 중심에 두고 국토개발
이 이루어졌지만, 이제 균형발전이 필요하다는 주장을 하고 있다. 이
는 오늘날 우리 사회에 형평성의 재고가 필요한 이유와 동일한 맥락
이다.

과거와 달리 사람들은 자신들이 시민으로서 행복에 대한 동등한
권리를 가지고 있으며, 따라서 국가가 시민인 자신들에게 관심을 갖
져야 하고 나아가 존중을 표하는 것은 너무나 당연한 의무라는 생각
을 갖고 있다. 이와 같은 생각은 평등한 권리의 문제가 형식적이고
정치적인 의미를 넘어 실질적이고 구체적인 삶의 조건에 대한 개선
요구로 이어지게 된다. 예를 들어, 시민으로서의 권리를 누리기 위해
서는 최소한의 기본적 조건이 갖추어져야 한다는 주장도 성립될 수
있다. 여기서 조건이 갖추어진다는 의미는 시민이라면 누구나 자신
의 권리를 주장하는데 필요한 만큼의 교육을 받을 수 있어야 할 뿐
만 아니라, 경제적으로도 권리 행사에 제약을 받지 않을 정도의 생활
을 영위할 수 있어야 한다는 것을 말한다. 사회적, 경제적 불이익을
바로잡고 모든 이에게 성공할 기회를 공평하게 나눠 주는 정책을 펴

는 것이 필요하다는 주장은 이러한 맥락에서 이해될 수 있다. 사회 구성원 모두가 자신의 삶을 계획하고 추진함에 있어 필요한 기회들을 균등하게 가질 수 있도록 형평성의 문제를 논의하고 이를 개선하기 위해 고민을 하는 것은 중요하다. 사회적 약자가 부당하게 보호받지 못하고 불평등이 심화되면 공동체 전체의 발전을 저해할 수도 있기 때문이다.

하지만, 그것만으로 모든 문제가 해결되는 것은 아니다. 빵을 N분의 1로 동일하게 분배한다고 했을 때, 전체 빵의 크기는 어떻게 될 것인지에 대한 문제가 남기 때문이다. 누군가가 더 많은 노력을 했음에도, 더 많은 교육을 받고 더 많은 투자를 했음에도 결과적으로 돌아오는 빵의 크기가 동일하다면 누가 노력을 하고 교육을 받고 투자를 하겠는가? 노력하지도 않고 교육을 받지도 않고 투자를 하지도 않는다면 빵의 크기는 줄어들 수밖에 없다. 이렇듯 극단적 경우가 아니어도 고소득층이 부담해야 하는 세율이 너무 높다거나 저소득층에 주어지는 보조금이 너무 많을 경우에는 일반적으로 사회 효율성이 저하된다. 그 결과로 저소득층의 혜택이 줄어들고 사회 전체의 효용도 감소할 수 있다. 이것이 분배, 즉 형평성을 둘러싼 논의에서 효율성이라는 개념이 등장하는 이유이다. 물론 형평성이라는 가치를 위해 필요하면 효율성이라는 가치를 희생해야 한다. 하지만, 그것이 전부가 될 수는 없다.

효율성과 형평성의 가치로 보는 정의

〈제시문 1〉

효율성의 가치는 윤리체계의 한 구성요소이지만 반드시 유일하다거나 가장 중요한 것은 아니다. 하지만 법을 집행하는 법원은 효율성 이외의 다른 사회적 가치를 효과적으로 증대시킬 능력을 갖고 있지 않다. 법의 해석에서 일반적으로 사용되는 정의(正義)는 효율성 개념에 기반을 둔 것이며, 이는 법을 지배하는 가치임에 분명하다. 예를 들어 사람들이 현실에서 불의라고 생각하는 경우를 살펴보자. 그것은 재판도 없이 유죄로 간주되거나, 정당한 보상도 없이 사유재산을 수용당하는 경우, 또는 부주의한 운전자가 손해를 끼친 피해자에게 손해배상을 하지 않도록 하는 경우 등이다. 법이 이러한 행위들을 부당하다고 판단하는 것은 궁극적으로 사회적 자원의 낭비를 방지하고자 함이다. 이것은 조금만 생각해 보면 놀라운 일이 아니다. 자원이 희소한 세계에서 자원의 낭비는 부도덕한 것으로 여겨져야 하기 때문이다.

〈제시문 2〉

정의 관념의 핵심을 이루는 형평성(equity)은 다소 복잡하고 도전적인 개념이지만 통상 합당한 자기의 몫을 갖는 것 또는 모든 사람에게 마땅히 받아야 할 것을 준다는 '응보(應報)'의 의미를 담고 있다. 적절한 응보란 관련된 구성원에게 어떤 행위와 상황에 상응하는 보상이나 처벌을 하는 것을 의미한다. 예컨대 자본주의에서의 적절한 보상은 재능과 결단력, 개인적 투자, 리스크 부담, 고된 노동, 그리고 실적과 관계된다. 한편 사람들이 자신의 몫을 다하지 못하거나 타인의 노력에 무임승차할 때, 또는 사기에 가담하거나 어떤 방식으로든 사전에 계약한 협약에 따라 살아가지 못할 때, 그들은 사실상 타인을 착취하는 것이며 타인에게 해악을 끼치는 것이다. 자본주의를 지지하지 않는다고 하더라도 열심히 일한 사람과 게으른 사람에게 동등한 보상을 하는 것이 형평에 어긋난다는 것은 누구나 다 아는 사실이다.

우리 사회에서는 대체로 효율성을 중시한다. 파이를 키우는 것이 중요하다고 생각하는 것이다. 하지만, 그에 못지 않게 형평성을 중시하는 사람도 많다. 파이를 키우더라도 어느 정도 공평하게 나누지 않으면 의미가 없다고 생각하는 것이다. 그래서 형평성을 중시하는 정책이 나온다. 위의 두 제시문은 각각 효율성과 형평성의 가치를 존중하는 입장에서 바라보는 '정의'에 대한 이야기이다. 중요한 사실은 효율성과 형평성은 일반적으로 서로 대립 관계에 있다는 것이다. 즉, 형평성을 높이는 정책은 효율성을 저해하기 쉽고, 효율성을 높이는 정책은 형평성을 저해하기 쉽다. 분배를 통해 형평성을 재고하는 일도 중요하지만, 효율성을 향상시켜 성장을 이루지 못한다면 분배를 할 수 있는 자원 자체가 없을 수도 있다. 그래서 형평성을 통해 정의를 달성하되 효율성을 손상하지 않는 방안을 고민하는 것이다. 우리 사회에서 효율성의 향상과 형평성의 재고와 관련된 문제 중의 하나가 바로 '공기업 민영화'이다. 이를 통해 효율성과 형평성을 문제를 보다 깊게 그리고 보다 구체적으로 알아보자.

공기업은 중앙 정부나 지방 정부의 자본으로 운영되는 기업으로 국민 생활과 직결되는 재화나 서비스를 안정적으로 공급하여 국민 삶의 질을 향상시키는 것을 목표로 한다. 공기업을 운영하는 과정에서 정부의 재정 지출이 발생하는데, 이를 결정하는 과정에서 효율성과 형평성의 논의는 재정 지출의 정당성 확보에 결정적인 고려사항이다. 재정 지출의 효율성은 사회구성원 전체의 이익과 손실을 모두 더해서 평가하는 개념이고, 형평성은 전반적인 사회적 불평등의 개선 정도로 평가할 수 있는 개념이다. 재정 지출을 통해 효율성도 개선시키고 형평성도 개선시킨다면 이는 당연히 지출이 필요한 사업이 되겠지만, 반대의 경우에는 지출해서는 안 되는 사업이 될 것이다. 문제는 효율성은 개선시키지만 형평성이 악화된다든지, 반대로 형평성은 개선되지만 비효율성이 발생하는 경우이다. 이 경우에는 재정 지출에 대한 판단이 어려워질 수 있다.

04. 사회적 가치

공기업은 시장에서 독점적인 지위를 인정받는 경우가 대부분이다. 문제는 공기업의 특성상 다른 기업과의 경쟁으로부터 자유롭기 때문에 비효율적이고 방만한 운영이 발생하기 쉽다는 것이다. 우리 사회에서 공기업의 민영화에 대한 논의가 시작되는 이유이다. 공기업을 민영화해서 일반 기업과 경쟁하도록 만들면 기업 운영의 효율성을 높일 수 있고 이는 국민에게 제공되는 재화나 서비스의 질을 향상시킬 수 있다. 하지만, 이윤의 추구를 목적으로 하는 기업의 특성으로 인해 공기업 민영화는 국민 부담이 가중되는 것은 물론 시장논리에 의해 사회적 형평성이 약화 된다는 주장도 만만치 않다.

양질의 재화나 서비스를 제공하여 국민 삶의 질을 향상시킨다는 공기업의 목표에 비추어볼 때 비효율적이고 방만한 공기업 운영은 국민 세금을 낭비하는 것이고 양질의 서비스 제공을 방해하는 요인이 된다. 공기업 운영 과정에서 이와 같은 문제가 발생하는 원인은 경쟁 부재에 있다. 일반적인 기업과 달리 경쟁으로부터 자유로운 공기업의 특성이 운영상의 비효율과 방만한 경영으로 이어지기 때문이다. 이 문제를 해결하기 위해서는 경쟁을 통한 효율성의 향상이 필수적이다. 시장경제 체제에서 다양하게 진행되는 경쟁은 경제 주체뿐만 아니라, 사회 전체의 이익을 증진시킬 수 있다. 따라서 공기업을 민영화하여 다른 기업들과 경쟁하게 된다면 공기업의 경영 효율성 제고와 건전한 경영 환경 조성에 도움이 된다. 경쟁을 통해 공기업의 체질을 개선함으로써 더 나은 서비스를 제공하는 동력이 만들어질 수 있다는 것이다. 특히 민간 기업과 공기업의 경쟁을 함으로써 재화와 서비스에 대한 국민들의 선택의 폭이 넓어지게 되면 공기업 민영화가 결국 국민 이익으로 이어질 수 있다는 점도 민영화의 긍정적 측면이다. 이 모든 과정을 통해 국민의 세금을 절약하고 국민에게 제공되는 서비스의 질이 향상된다면 자연스럽게 공기업 운영의 목표도 달성될 것이다.

하지만, 정부의 재정 지출이 이루어지는 사업의 경우에는 '재분배'라는 필요를 가지고 있기 때문에 효율성이 낮은 것은 어떻게 보면 필연적이다. 그러므로 민영화를 통한 경쟁이 공기업 운영의 목표를 훼손할 것이라는 비판이 가능하다. 이익 추구를 목적으로 하는 기업의 특성상 경쟁을 통한 효율성 강화는 결국 재화나 서비스 가격 인상으로 이어져 국민 부담을 가중시키게 될 것이기 때문이다. 또한 공공적 성격을 지닌 재화나 서비스가 지나치게 높은 가격으로 제공된다면 이를 누릴 수 있는 국민의 수가 줄게 되어 사회적 형평성이 훼손되는 것을 피하기 힘들 것이기 때문이다. 자본주의 시장경제 체제에서는 대부분의 재화와 서비스가 경쟁적 공급과 수요를 기반으로 유통된다. 만약 의료, 환경, 치안, 복지 등 공공적 성격이 강한 재화나 서비스가 경쟁의 논리에 따라 유통된다면 저소득층에 속하는 많은 국민들이 서비스의 사각지대에 놓이게 되어 큰 불편을 겪을 수 있다. 이는 경제적 불평등이 사회적 불평등으로 이어지는 결과를 초래할 것이다. 공기업은 이와 같은 부작용을 막기 위한 최소한의 장치이다. 공기업 민영화의 문제는 국민 전체의 삶의 질을 보장하기 위한 제도를 시장 논리에 따라 해체하여 다수 국민에게 피해를 입힐 수 있다는 것이다.

공기업 민영화를 비롯한 모든 정책은 기회비용을 치르게 마련이다. 공기업 민영화의 문제는 지금 우리 사회에 필요한 사회적 가치가 효율성인지 형평성인지를 결정하는 중요한 문제이다. 나아가 우리 사회의 미래 모습을 결정하는 문제이기도 하기 때문에 관심을 기울여야 할 것이다. 모두의 고민이 필요해 보인다.

다섯 번째 단짝
키워드

05

국가의 역할

시장자율과 정부간섭

국가의 역할

시장자율과 정부간섭

　시장 경제 체제는 가계나 기업 같은 민간 경제 주체들의 자유로운 선택과 경쟁에 의해 자원이 배분되는 경제 체제를 의미한다. 시장에서 이들이 자유롭게 경제 활동을 진행하기 위해서는 사적 재산권과 이윤 추구 활동의 보장이 필수적이다. 이런 환경이 조성되어야 사람들은 자신의 이익을 극대화하기 위하여 최선의 노력을 다하게 되고 결과적으로는 개인의 창의성이 발휘되고 자원을 효율적으로 활용함으로써 경제가 보다 발전할 수 있다.

　한편, 정부는 국민들이 재화와 서비스를 통하여 욕구를 충족할 뿐만 아니라, 자유로운 생산과 분배, 그리고 소비의 활동을 보장함으로써 경제생활을 꾸려갈 수 있도록 해야 한다. 또한 국민들이 자유로운 경제생활을 꾸려가는 도중에 발생할 수 있는 여러 가지 부작용을 방지하기 위해 법과 제도의 정비를 위해 노력해야 한다. 정부는 자원의 효율적인 생산과 분배, 그리고 소비를 위해 시장에 적극적으로 개입할 수도 있다. 이를 통해 정부는 경제정의를 실현하고 자원을 보다 효율적으로 생산하고 분배할 수 있어야 한다.

'정부가 시장에 적극적으로 개입해야 한다.'는 주장은 자본주의를 자유방임 상태로 방치했을 때 발생할 수 있는 '시장의 실패'가 발생하지 않도록 정부가 시장의 경제질서가 잘 유지되도록 심판의 역할을 해야한다는 주장으로 해석할 수 있다. 하지만, 정부의 적극적 시장개입 역시 관료화, 부패, 세금 증대, 인플레 등 이른바 '정부의 실패'를 초래하여 장기적으로는 심각한 경제 불황을 불러일으킬 수 있다. 시장에 참여하는 경제 주체들이 항상 자유로운 경쟁이라는 건전한 긴장관계 속에 있어야 타락하지 않고 높은 생산성과 창의성이 발휘될 수 있는데 이를 감시하고 관리하는 것이 정부의 역할이라고 할 수 있을 것이다.

시장자율론의 긍정적 측면과 부정적 측면

20세기 서구사회가 자본주의 시장경제의 지배를 받았다는 점에는 이견이 없다. 제러미 리프킨(Jeremy Rifkin)은 《소유의 종말》에서 현대인의 삶이 시장에서 물건을 사고파는 과정과 너무도 깊이 얽혀 있어 인간사를 시장이 아닌 다른 틀로 이해한다는 것은 상상도 할 수 없다고 지적했다. 시장이 잘 굴러가면(경제가 호황이면) 우리의 생활도 잘 굴러가는 것 같고, 시장이 맥을 못 추면(경제가 불황이면) 우리는 낙심한다는 것이다. 시장이 현대인의 삶을 이끄는 안내자나 상담자의 모습을 가진 것 같지만 우리의 삶을 절망의 구렁텅이로 몰아간다고 이해했다. 시장의 원리를 맹신하고 그러한 삶의 방식에 젖어있는 우리로서는 이러한 주장을 부정하기 어렵다.

시장은 어떤 성격을 갖기에 막강한 힘을 얻게 되었고 시장 옹호 논리의 핵심은 어떤 것인가? 시장은 가격을 매개로 합리적인 이익을 추구하는 개인 간의 거래 관계이다. 시장 옹호론자들은 시장이 매우 긍정적인 체계임을 강조한다. 먼저, 시장이 제대로 작동된 결과물로 인류는 최대한의 풍요를 누릴 수 있게 되었고 행복의 총량이 증가했다고 주장한다. 시장은 '보이지 않는 손'을 통해서 우리가 가진 한정된 자원을 효율적으로 이용하도록 유도해 다른 어떤 체제보다 공익을 증진시키고 개인들을 행복하게 했다는 것이다. 이러한 주장은 사회주의 체제의 동유럽과 구소련의 붕괴로 더욱 설득력을 얻게 되었다. 그리하여 일군의 경제학자들은 시장을 자유경쟁이 최대한 보장되는 완전경쟁시장으로 바꾸어야 한다고 주장한다. 또, 시장의 원리가 작동되는 과정에서 시장은 인류의 소중한 도덕적 가치를 증진시킨다고 시장 옹호론자들은 주장한다. 시장은 개인의 선호와 결정을 존중하며 개인의 자유의지를 최고의 덕으로 인정한다. 따라서 시장은 자유와 자주성 신장에 기여한다고 그들은 강조한다. 이뿐만 아니라 제대로 된 시장은 피부색이나 성별에 따라 시장 참여자를 차별하지 않으므로 평등의 확대에도 기여한다고 한다. 이처럼 시장이 자유와 평등이라는 보편적 도덕 가치를 신장시키는 데 기여한다고 그들은 주장한다.

- 이성건, 〈시장경제와 인간의 삶〉 중에서

　제시문은 '시장'이 매우 긍정적인 체계이며 인류에게 풍요를 누리게 했고 공익을 증진시켰으며 개인을 행복하게 했다고 주장한다. 또한 시장은 인류의 도덕적 가치 증진에도 기여했는데, 개인의 자주성을 신장시키고 평등을 확대함으로써 자유와 평등이라는 보편적 도덕을 신장시켰다는 것이다. 이와 같은 주장이 힘을 얻게 된 역사적 계기는 1970년대 석유 파동과 그로 인한 전 세계적인 스태그플레이션의 경험이었다. 정부의 지나친 시장 개입을 비판하고 민간의 자유로운 경제 활동을 옹호하는 신자유주의에 그 뿌리를 두고 있다.

　그러니 불평을 말하라. 바보들은 오로지

위대한 벌집을 정직하게 만든다고 애를 쓴다만

세상의 편리함을 누리며

전쟁에서 이름을 떨치면서도 넉넉하게 사는 것이

커다란 악덕 없이도 가능하다는 것은

머릿속에나 들어 있는 헛된 꿈나라 이야기일 뿐이다.

사기와 사치와 오만은

그 이득을 우리가 누리는 한 남아 있을 것이다.

배고픔은 끔찍한 재앙임에 틀림없지만

그것이 없다면 누가 밥을 삭이며 살아갈 것인가.

우리가 포도주를 얻는 것은

초라하게 말라 꼬부라진 포도 넝쿨 덕이 아니던가.

덩굴은 새싹을 내버려 둔 채

다른 나무를 목 조르며 숲으로 달려가는데

그럼에도 우리를 고귀한 열매로 축복해 주는 것은

바로 덩굴이 묶이고 잘리고 나서이다.

⋯⋯(중략)⋯⋯

나라에 필요한 만큼

사람들이 위대해지고자 해도

사람이 배고파야 먹게 되듯이

순진한 미덕만으로는 나라를 잘 살게 할 수 없다.

황금시대를 되살리려면

사람은 자유로워야 하니

도토리에 대해서나 정직에 대해서나 마찬가지다.

-《꿀벌의 우화: 개인의 악덕, 사회의 이익》 중에서

제시문은 버나드 맨더빌(Bernard Mandeville)의 《꿀벌의 우화》에 나오는 한 부분이다. 맨더빌은 우화의 형식을 빌려 사람들에게 악덕으로 여겨지던 사치나 허영심이 사회의 부를 증진시키는 역할을 하며, 금욕이나 자선, 이타심과 같은 덕목은 오히려 사회의 발전을 저해한다고 주장했다. 자본주의가 태동하던 시기에 맨더빌은 사회를 움직이는 동력은 개인의 탐욕과 이기심이라면서 국가가 펼치는 자선 정책을 비판했다. 국가가 베푸는 자선은 사람들이 게으름을 피우면서 살아가게 만드는 이유이기 때문이라고 밝혔다. 이런 내용이 직접적으로 드러난 부분은 "사람이 배고파야 먹게 되듯이 순진한 미덕만으로는 나라를 잘살게 할 수 없다."라고 표현된 구절이다. 맨더빌의 이 독특한 생각은 이후에 애덤 스미스와 맬서스, 하이에크에 이르기까지 후대의 경제학자들에게 엄청난 영향을 미쳤다고 알려져 있다.

하지만, 시장이라고 해서 만능은 아니다. 시장의 기능에 대한 비판적인 관점도 존재한다.

시장은 상품매매를 위한 공간이다. 하지만 시장의 '지혜'나 '숨겨진 손'과 같은 표현에서 알 수 있듯이 시장은 어느 순간 신(God)이 되었다. 이 믿음은 지난 30년간 세계를 장악해온 자유무역과 민영화를 뒷받침해 왔다. 이는 부유한 국가의 기업들과 개발도상국의 지배층에게는 유리하게 작용했던 반면, 세계 전반에 불평등과 빈곤, 부채를 심화시켰다. 세계무역기구(WTO)의 금융서비스 자유화 규정은 위험할 정도로 통합된 글로벌 시스템을 창출했다. 서구 대부분의 정치권과 기업계 리더들은 여전히 자유무역 모델이 마치 유일한 방안인 것처럼 행동하고 있다. 다른 모든 대안들은 '경제적 민족주의'나 '보호무역주의'로 간주되고, 1930년대 대공황과 같은 경제적 재앙의 원인으로 비난받고 있다. 하지만 이는 부적절한 지적이다. 국제무역이 합리적이고 융통성 있는 방식으로 행해졌다면 지역경제나 환경을 파괴하지 않았을 것이다. 세계무역기구는 공정성과 민주주의 및 환경적 책임을 위해 해체되어야 한다. 국가 간 무역협상에서 각국은 자국 국민에게 피해나 빈곤을 야기하지 않는 정책을 자유롭게 채택할 수 있어야 한다. 특히 개발도상국들은 다국적 기업의 활동으로부터 지역 환경을 보호할 수 있어야 한다. 보조금과 관세 또한 무역 전략들 중 하나로 활용 가능해야 할 것이다.

- 노엄 촘스키 외, 《경제민주화를 말하다》 중에서

샌델이 우려하는 바는 시장만능주의가 가져오는 도덕의 상실과 공동체의 파괴에 관한 것이다. 시장 논리 없이 잘 굴러가던 영역에 일단 돈이 들어오기 시작하면 윤리는 타락하고 도덕은 설 자리를 잃게 된다. 생명, 사랑, 우정 등 인간 사회의 소중한 덕목이 금전적 교환의 대상이 되면서 시장의 논리에 함몰되어 위협받게 되는 것을 경고하고 있다. 모든 것이 돈으로 거래할 수 있는 사회가 되면 가진 자와 못 가진 자의 구분이 더욱 확연해지고 불평등이 표면화된다. 일상의 영역에서 돈에 의해 차등 대우가 이루어진다면 부유한 자나 가난한 자나 같은 공동체 구성원이라는 인식이 약화될 수밖에 없을 것이다. 또 삶 속에 있는 좋은 것에 가격을 매기는 행위는 그것을 오염시킬 우려도 있다.

모든 것을 시장에 맡길 수 없다면 시장에 속한 영역은 무엇이고, 시장에 속하지 않은 영역은 무엇인지 어떻게 분별할 것인가? 이러한 판단을 위해서는 재화의 의미와 목적, 가치에 대해 깊이 생각해 보아야 한다. 샌델은 시장적 가치와 비시장적 가치에 대한 판단과 구분은 경제적인 문제가 아니라 도덕적이며 정치적인 문제라고 주장한다. 각자의 도덕적, 정치적 입장을 적극적으로 개진하고 공개적으로 숙고, 토론하는 것을 시장지상주의를 극복할 수 있는 방책으로 제시한다.

-이현우, 〈시장지상주의를 극복하는 방법〉 중에서

시장자율론에 대한 긍정적 측면을 제시한 맨더빌의 《꿀벌의 우화》와 달리 이 두 제시문은 시장자율론의 문제점을 신랄하게 비판한다. 《경제민주화를 말하다》에서는 인류가 시장체계를 통해 최대한의 풍요를 누릴 수 있게 되었고 행복의 총량이 증가하기는커녕 오히려 세계 전반의 불평등과 빈곤을 심화시켰다는 것이다. 또한 시장이 인류의 도덕적 가치 증진에 기여하기 보다는 생명, 사랑, 우정 등 인간사회의 소중한 덕목이 금전적 교환의 대상이 되면서 시장의 논리에 함몰되어 위협받게 되었다고 함으로써 시장 만능주의에 대하여 도덕적, 정치적 차원에서 비판적 견해를 제시하고 있다.

정부개입의 정당성과 문제점

시장 경제 하에서 정부의 역할과 책임은 무엇일까? 정부는 시장에서 자원의 효율적인 배분이 이루어지지 않거나 자유롭고 공정한 경쟁이 이루어지지 않았을 때 이 문제를 해결해야 할 책임이 있다. 정부는 문제의 해결이나 시장이 공정하게 움직일 수 있도록 직접 개입하거나 특정한 정책을 통해 동일한 효과를 유도한다. 또한 시장에서 정보가 비대칭을 이루고 있을 때에는 정보를 적게 가진 쪽의 피해를 막기 위해 시장에 직접 정보를 제공함으로써 정보의 비대칭성을 해결하기도 한다. 이와 같은 방식을 통해 정부는 시장의 개입에 대한 정당성을 확보하고 시장에 참여하고 있는 이해 관계자를 보호하는 역할을 수행하는 것이다.

경제는 불확실성을 싫어한다. 자유방임적 자본주의 경제 하에서의 기업들은 기업들 간의 무한경쟁으로 인해 언제 어떤 요인에 의해 시장에서 도태될지 모른다. 또한 경쟁에서 진 많은 기업들이 도산함에 따라 실업률이 증가하고, 이것은 통상적으로 소비의 감소로 이어진다. 소비의 감소는 경기불황을 야기하고, 기업생존에 커다란 위협요소가 된다. 이처럼 생존 여부가 불확실해지는 상황에서 기업들은 적극적 투자를 회피하게 되고, 이로 인해 경기불황이 심화되는 악순환이 발생한다. 따라서 순전히 시장의 작동만으로는 불황과 실업문제를 해결하기 어렵다. 정부의 역할은 이와 같은 문제를 야기하는 근본원인인 경제의 불확실성을 감소시키는 것이다. 유효수요이론에 따르면 "수요가 공급을 결정한다." 따라서 정부는 민간부문의 기업들이 상대적으로 더 적은 불확실성 속에서 투자활동을 할 수 있도록 원활한 유동성 공급을 해야 한다. 특히, 통화 발행으로 조달한 재원으로 공공사업을 확대함으로써 총수요를 확대해야 한다. 자본시장의 총수요가 안정화되는 만큼 경제의 불확실성은 줄게 된다.

- 존 메이너드 케인즈(John Maynard Keynes), 《일반이론》 중에서

자연 상태에서의 전쟁은 인간 존재의 타고난 정념(情念)들로부터 필연적으로 발생한다. 그래서 어떤 가공할 권력이 실제로 존재하

여 사람들이 그 권력이 가하는 위협에 공포를 느껴 계약을 이행하고 자연법을 준수하지 않는 한, 전쟁은 피할 수 없다. 달리 말하자면, '칼'을 동반하지 않은 계약은 말에 불과하며 인간의 생명을 전혀 보장할 수 없다. 설령 많은 사람들이 계약에 의해 집결한다고 하더라도 그들 각자가 자신의 개별적인 판단과 욕구에 의해 움직인다면, 그들은 공통의 적이나 상호간의 권리 침해에 대해 그 어떠한 방위나 보호도 기대할 수 없다. 그렇다면 그들의 힘을 최고로 발휘하고 운용하려면 어떻게 해야 할 것인가? 이런 물음에 대한 의견이 가지각색일 경우에 그들은 상부상조하기는커녕 서로가 서로를 방해하면서 쓸데없이 내부 대립만 심화시키게 되고, 끝내는 스스로 무력해지고 만다. 그 결과, 그들은 비록 작은 규모라 하더라도 협력이 아주 잘 되는 집단에게조차 매우 쉽게 제압당하게 되며, 심지어 공통의 적이 없을 때라도 각자의 개별적인 이해(利害) 때문에 서로 간에 전쟁을 벌이게 된다. 물론, 그들 대부분이 공포심을 유발하는 권력이 없더라도 자발적으로 정의를 지키고 자연법을 준수하는 데 동의할 것이라고 가정할 수도 있다. 만일 이러한 가정이 옳다면, 권력에 대한 복종 없이도 서로 간에 평화가 있을 수 있으므로 그들에게는 어떠한 시민 정부도 어떠한 국가도 필요하지 않을 것이다. 그러나 이러한 가정은 사실상 터무니없는 것이다. 왜냐하면 인간은 태생적으로 동의나 합의가 아니라 정념에 따르는 맹목적인 자기보존 법칙에 종속되어 있기 때문이다. 따라서 이러한 자연 상태의 전쟁을 종식시키기 위해서는 모든 인간들이 '칼'을 소유한 하나의 동일한 인격체와 결합해야 하는 것이다. 그 방법은 마치 인간들 각자가 "나는 나 자신을 스스로 통치하는 권리를 그 인격체에 완전히 양도하고 그의 활동을 전적으로 승인한다."고 스스로 선언하는 것과 같다. 그래서 대다수의 인간이 그러한 인격체에 통합 내지 통일되었을 때, 비로소 우리는 그 인격체를 '국가'라 부르고자 한다. 그 인격체가 유한한 존재이면서도 '지상의 신(神)'이라 불리는 까닭은 그 인격체가 모든 개인이 그에게 부여한 강대하고도 전능한 권력과 힘을 활용하여 개인과 개인 사이의 무한한 자기보존 경쟁을 종식시키려는 하나의 통일된 의지를 대변하기 때문이다.

- 토마스 흡스(Thomas Hobbes), 《리바이어던》 중에서

먼저 앞의 제시문은 정부의 적극적 시장개입을 옹호하는 영국의 경제학자 존 메이너드 케인즈(John Maynard Keynes)의 《일반이론》에 제시된 아이디어를 간략히 소개한 것이다. 케인즈는 1930년대 경제 대공황을 겪으면서 개인의 이익 추구가 시장을 통해 사회 전체의 이익으로 연결된다는 자유방임주의의 주장이 현실과 다를 뿐만 아니라 반드시 옳은 것도 아니라는 사실을 알게 된다. 이를 통해 그는 자유방임주의를

비판하고, 공익을 위해서는 정부가 시장에 합리적으로 개입해야 한다고 주장했다. "공급은 스스로 수요를 창출한다."라는 고전학파의 경제이론은 선진국이 압도적 경제력을 바탕으로 광대한 식민지 시장을 개척할 때는 어느 정도 유효할 수 있었지만, 과잉생산단계에 접어들어 대불황에 빠져 들었을 때는 더 이상 유효하지 않다는 사실을 간파했던 것이다. 이에 케인즈는 정부가 통화 발행으로 조달한 재원으로 공공사업을 확대하는 총수요 확대정책을 펴야 불황을 극복할 수 있다고 주장했다. 대공황에 대응하기 위해 만들어진 "정부가 시장에 적극적으로 개입해야 한다."는 그의 주장은 지금까지도 정부의 적극적인 역할을 옹호하는 중요한 논리적 근거로 제시되고 있다.

두 번째 제시문은 근대 초기의 대표적인 영국 철학자인 토마스 홉스(Thomas Hobbes)의 저서 《리바이어던》에서 일부를 발췌한 것이다. 홉스에 따르면, 인간은 정념에 휩싸여 움직이는 이기적 본성을 지닌 존재이며, 자연 상태에서 각자 자기 이익을 실현하기 위해 서로 갈등하고 투쟁하는 존재이다. 그러나 이와 같은 "만인의 만인에 대한 투쟁" 상태를 방치할 경우 결과적으로 자기 이익의 훼손이라는 역설적인 상황에 빠지게 된다. 그래서 홉스는 이에 대한 해결책으로서 시민들이 상호 계약을 통해 국가를 성립시켜야 한다고 주장한다. 따라서 전쟁상태와 다를 바 없는 자유방임경제의 무자비한 시장경쟁에 국가가 개입하여 시장의 실패를 막아야 한다는 주장의 연장선에 있다고 할 수 있다.

한편, 케인즈나 홉스와 달리 정부의 시장 개입에 대해 부정적인 시각을 노출하는 견해도 있다.

내 생각에 우리는 그간 너무도 많은 아이들과 사람들이 다음과 같이 받아들이는 시절을 보냈습니다. '난 문제가 있으니 정부가 이를 해결해야 돼', '난 문제가 있으니 이걸 해결하기 위해 기금을 받아야만 해', '난 집이 없으니 정부가 집을 제공해야 마땅해'. 그들은 이렇게 자신의 문제를 사회의 탓으로 돌립니다. 사회란 누구입니까? 그런 것은 세상에 없습니다! 세상에는 개인으로서의 남성과 여성과 가족이 있을 뿐입니다. 사람을 통하지 않고서는 어떤 정부도 아무런 일을 할 수가 없습니다. 그리고 사람은 첫째로 스스로에게 의존해야 합니다. 우리의 의무는 우선 스스로를 돌보는 것이고, 그 다음에 우리 이웃을 돌보도록 애써야 합니다. 삶은 상호적인 것인데도 불구하고, 사람들이 의무는 없이 마음속에 너무나 많은 권리를 가지고 있습니다. 누구든 먼저 의무를 다하지 않고서는 권리를 내세울 수 없는 것입니다. (…) 이게 우리의 비극입니다. 우리가 주는 수당은 그들이 아플 때 안전망이 되고 도움이 되라고 있는 것입니다. 그리고 불운한 사람들을 돕기 위해 있는 것입니다. '좋아, 우리는 힘을 모아서 보험을 갖춘 거야.' 이게 수당의 목적인데, 세상에는 이 시스템에 편승하는 사람들이 있습니다. 이런 도움과 수당이 사람들에게 '그래, 당신이 일자리가 없으면 기본적인 생활 수단을 제공받게 될 거야'라고 말해 주어야 하는데, 그게 아니라 사람들이 와서는 '일을 하는 게 무슨 의미가 있어? 나는 그만큼의 실업수당을 받을 수 있는데'라고 합니다. 당신은 이렇게 말합니다. '이봐요. 그건 실업수당에서 나오는 것이 아니에요. 그건 당신의 이웃이 제공하는 것이지요. 당신이 스스로 벌어서 먹고 살 수 있다면 당신은 실제로 그렇게 해야 할 의무가 있는 것이고, 그러면 당신은 훨씬 더 마음이 편할 겁니다!'

-《Women's Own》〈사회 같은 것은 없다〉 중에서

서구 사회에서 통제 범위를 벗어난 환경 때문에 발생하는 극한적인 빈곤과 기아로 위협받는 사람들을 위한 구제는 오래전부터 공동체의 의무로 받아들여지고 있었다. 우선 이러한 필요를 공급했던 지역시설들은 도시의 성장과 사람들의 대규모 이동이 과거의 근린유대(近隣紐帶)를 해체시키면서 부적합하게 되었다. 그리고 이러한 서비스들은 국가적으로 조직되어야 했고 서비스를 공급하기 위해 특수기관들이 만들어져야 했다. 현재 우리가 공적 부조, 또는 공적 구제로 알고 있는 것은 모든 국가들에서 다양한 형태로 제공되고 있는데, 이것은 단지 과거의 빈민법이 현대적 조건

에 적응한 것일 뿐이다. 산업사회에서 그러한 시설의 필요성은 절망적 상황으로부터 보호를 요구하는 가난한 사람들을 위한 것이라면 문제가 되지 않는다. 여기까지는 가장 일관된 자유의 수호자들에게도 받아들여질 수 있을 것이다.

……(중략)……

이전 시기의 사회적 문제들은 부의 성장으로 점진적으로 사라지지만, 우리가 도입한 치료 방법은 모든 미래의 개선이 의존하고 있는 계속적인 성장에 위협을 가하기 시작했다.

……(중략)……

비록 우리가 빈곤, 질병, 무지, 불결, 나태를 조금은 빠르게 정복할 수는 있을지라도, 인플레이션, 과중한 조세, 교육에 대한 점증하는 정부의 지배, 지나치게 자의적인 권력을 지닌 사회 서비스 관료로부터 주요 위험들이 분출할 때 앞으로 우리는 이 싸움조차 잘해 나갈 수 없게 될 수도 있다. 이러한 위험들은 개인이 스스로의 노력으로 피할 수도 없으며, 과도하게 확대된 정부 기구의 힘은 그것을 완화시키기보다는 증가시키기 쉽다.

- 프리드리히 하이에크, 《자유헌정론》 중에서

첫 번째 제시문은 《Women's Own》이라는 잡지에 1987년 9월 23일자에 게재되었던 영국의 수상 마가렛 대처의 인터뷰 기사이다. 대처는 당시 인터뷰에서 개인과 정부의 책임에 관한 자신의 생각을 설명하였다. 1979년 집권한 대처 수상은 과거 노동당 정부가 고수하였던 복지 정책과 국유화 정책을 버리고 경쟁과 시장 경제에 입각한 새로운 정책을 추진하였다. 그녀는 영국 경제가 침체한 원인이 과도한 복지에 있다고 보았기 때문에 이를 대대적으로 개혁함으로써 재정 악화와 근로 의식 저하 등의 문제를 해결할 수 있다고 생각하였다. 나중에는 이를 '대처리즘'이라고 명명했다. 대처리즘은 정부의 역할을 축소하고 시장 기능을 강화하는 신자유주의의 대표적 정책 기조로 이해되고 있다.

이 인터뷰에서 대처는 관대한 복지 제도를 비판하고 경제생활을 영위하는 개인의 역할을 강조하고 있다. 복지국가에서 복지 제도를 강화하여 사회 안전망을 구축하다 보니 개인의 근로 의욕이 저하되어 결과적으로 경제의 활력이 떨어진다고 비판하였다. 이러한 비판은 국민 전체의 복지 증진과 행복 추구를 핵심 사명으로 삼는 복지국가 체제에서 복지 지출의 재원이 국민의 경제활동과 그 결과에서 발생하는 세금으로 마련되어야 하는데 관대한 복지 제도가 개인의 도덕적 해이를 조장하여 재정이 악화되고 이로 인해 필요한 복지 지출을 하지 못하는 악순환이 발생한다는 논리에 기초한다. 비대한 복지국가를 축소시키고 경쟁에 기초한 사회를 부활시켜야 한다는 주장을 내포하고 있는 위의 제시문은 형평성을 강조한 사회가 결국 어떤 문제에 봉착하게 되는지를 분명하게 보여주고 있다.

두 번째 제시문에서 하이에크는 자본주의 시장 경제 체제에서 개인의 자유로운 경쟁이 갖는 효율성이 창의성과 생산성의 증가로 생활수준의 향상을 가져왔다고 본다. 또한 '통제범위'를 벗어난 환경 때문에 발생되는 빈곤과 기아를 구제하는 공동체적 의무를 인정함으로써 사회적 약자에 대한 공동체의 도움이 필요하다는 것도 인정한다. 하지만, 분배 정의를 실현하기 위한 국가의 개입에 대해서는 정부 개입의 부작용을 역설한다. 과도한 정부의 개입을 비판하는 것이다. 절망적 상황으로부터 보호를 요구하는 가난한 사람들을 위한 도움 이상의 정부 개입은 인플레이션, 과중한 조세, 교육에 대한 지배, 관료의 자의적 권력 행사에 의해 성장 동력을 위협한다는 것이다. 이러한 하이에크의 생각은 1980년대 무렵부터 영국의 대처 행정부와 미국의 레이건 행정부에 의해 채택되게 되었고, 소위 '신자유주의' 시대를 열게 되었다. 따라서 "정부가 시장에 적극적으로 개입해야 한다."는 주장에 반대하는 대표적인 논거라고 볼 수 있다.

헌법 제 119조 "경제민주화법"

지금까지 정부개입론과 시장자율론의 입장과 각각의 주장이 가진 장단점을 알아봤다. 자유 경제 체제와 그로 인한 문제점을 해결하기 위한 정부의 개입의 장점과 역기능에 대한 주장은 고등학교 사회와 도덕 과목의 핵심적인 내용이다. 이에 대한 법적인 근거는 헌법 제119조의 "경제민주화법"이라고 알려진 법률을 통해 찾을 수 있다.

국가는 국민들이 재화와 서비스를 획득하여 욕구를 충족해 나가는 경제생활을 원만히 영위할 수 있도록, 자유로운 생산과 분배, 소비 활동을 보장한다. 동시에 여러 가지 규제를 통하여 자유로운 경제생활의 와중에 발생할 수 있는 부작용을 방지하려 노력한다. 민주주의 법치국가인 대한민국의 헌법에서도 이런 모습을 발견할 수 있음은 물론이다.

헌법 제119조 ① 대한민국 경제 질서는 개인과 기업의 경제상 자유와 창의를 존중함을 기본으로 한다. ② 국가는 균형 있는 국민경제 성장과 적정한 소득 분배, 시장지배와 경제력 남용 방지, 경제 주체 간의 조화를 통한 경제 민주화를 위해 경제에 관한 규제와 조정을 할 수 있다.

헌법의 이러한 규정에도 불구하고, 국민의 경제적 자유와 국가의 경제 규제를 두고 그 정당성에 관하여 해묵은 논쟁이 계속되고 있다. 각자의 정치적·사회적 지위나 신념으로부터 서로 다른 관점이 첨예하게 대립할 수 있는 것이다. 그러나 이처럼 중대한 문

제에 관하여 국가의 최고법인 헌법이 어떻게 규정·의도하고 있는
지는 그간 상대적으로 고려의 대상이 되지 않았던 것이 사실이
다. 헌법 제119조 제1항과 제2항의 관계에 근거한 경제적 자유와
국가의 역할을 시급히 정립하여야 할 필요가 있다.

고등학교 《법과 정치》 중에서

위의 글을 통해 경제생활의 자유와 국가 규제의 근거가 모두 헌법
제119조에 있음을 알 수 있다. 제1항과 제2항의 의미와 관계를 올바
로 파악한다면 경제생활에 대한 국가 규제의 가능성과 한계를 정당화
할 수 있을 것이다. 제1항은 국가 시책은 기본적으로 개인과 기업의
자유와 창의를 존중하는 방향으로 이루어져야 함을, 제2항은 경제적
자유의 부작용을 국가가 나서서 해소할 수 있음을 말하고 있다. '국가
개입 자제'에 대한 권고는 제1항의 목표를 위한 것이고, 과거에 시행되
었던 '동반 성장 정책'은 제2항의 국가 규제 조정의 정당화와 관련을
맺고 있다. 두 조항의 관계는 한마디로 국가의 경제 규제는 각종 시장
의 부작용을 방지함으로써 궁극적으로 기본이 되는 경제생활의 자유
를 증진하기 위한 목적이라고 볼 수 있다.

경제생활의 자유와 국가 규제 사이에는 모순적인 시각이 존재한다.
국가 개입의 자제는 헌법의 기본 원칙에 충실한 시각이나 지속되는
경제적 불평등을 고착화시킬 가능성이 있다. 이에 반해 적극적 국가

개입은 경제 민주화나 '동반 성장' 등의 목표를 달성할 수 있으나 경제의 자유 원칙에 역행하고, 특히 기업의 경제적 창의성을 저해할 우려가 있다. 이러한 관점에서 경제적 평등과 민주화를 달성하기 위한 국가의 개입은 궁극적으로 헌법상 경제 질서의 기본 원리인 자유를 증진할 목적을 위하여 실행되어야 할 것으로 보인다.

※ 경제체제 _ 순수한 시장경제와 사회적 시장경제

경제체제는 사회적 자원의 생산과 배분에 관한 원칙을 정하는 문제로서, 순수한 시장경제와 사회적 시장경제로 구분될 수 있다. 이 둘을 구분하는 기준은 누구의 역할을 중요하게 생각하느냐이다. 순수한 시장경제체제가 시장의 역할을 중시함에 비하여 사회적 시장경제체제는 국가와 정부의 역할을 중시한다. 인류 역사에서 근현대사회의 경제체제는 국가별, 시대별로 끊임없이 변화하면서 자본주의적 요소와 사회주의적 요소의 조화를 추구하였다. 이를테면 미국 사회의 경우 1930년대 경제 대공황 이전까지는 시장의 역할이 중시되었다면, 그 이후에는 정부 정책 개입의 중요성이 부각된 경향이 있고, 한국 사회의 경우 미국 사회에 비하여 사회적 시장경제 요소의 중요성이 상대적으로 더 부각되는 경향을 발견할 수 있다.

모든 개인들이 자유롭게 경쟁하면서 자신의 이익을 열심히 추구하면, 결과적으로 그 사회의 자원배분이 효율적으로 이루어져 사회 전체의 효용이 극대화되는 것으로 믿어져 왔다. 그러나 불완전경쟁, 외부효과, 공공재 등이 존재할 경우, 그 사회의 자원배분이 효율적으로 이루어지지 않는 시장 실패가 발생하게 된다. 현대국가에서는 시장의 실패를 보완하기 위하여, 정부가 시장에 개입하고 규제해 왔으며, 정부의 역할은 점차 증대되어 왔다. 이러한 정부의 규제와 개입이 자원배분의 효율성을 증진시키기보다는 오히려 해치는 경우가 있는데, 이를 정부의 실패라고 한다. 즉, 정부의 불완전한 지식과 정보, 정치적 제약 조건, 근시안적 규제, 시장경제와 같은 유인동기의 부족, 관료 집단의 이기주의와 부정부패 등이 정부실패의 원인이 된다. 그럼에도 이러한 정부실패의 가능성이 있다고 하여 정부의 역할을 최소화하면, 빈부격차 및 산업구조의 독과점화가 심화되어, 결국은 그 사회 전체의 효용은 감소하게 된다.

위의 제시문은 사회적 시장경제체제의 모습을 보여 준다. 시장경제체제 중에서 시장의 역할 외에 정부의 개입에 의한 예외적 조정이 경제성장의 효율적 방법이 될 수 있기 때문이다.

개인의 자유로운 선택을 보장하는 현대사회에서는 개개인들의 능력 차이뿐만 아니라 부의 축적에 대한 개인적 가치관의 차이로 말미암아, 한 사회 내에서의 빈부격차는 불가피한 측면이 있다. 이러한 빈부격차의 지나친 확대가 사회적 분열과 갈등의 원인이 되어 사회의 전체적 효용을 감소시킬 수 있으므로 소득재분배 정책의 필요성이 강조되고 있다. 그러나 최저임금제도와 같은 강제적 가격규제는 비숙련 단순 노동직종을 대체하는 업무 자동화를 더욱 촉진하여, 결과적으로는 저소득층의 고용기회를 감소시키고 빈부격차를 더욱 심화시키는 결과를 낳는다. 목적이 어떠하든 고용자와 피고용자 사이에 자율적으로 결정되어야 하는 임금을 정부가 강제로 결정할 경우, 오히려 저소득층에게 더욱 불리한 결과를 낳는다.

위의 제시문은 순수한 시장경제의 모습을 보여 준다. 시장경제체제는 근본적으로 시장의 역할이 중요한 요소이고, 정부의 개입은 불가피한 경우를 제외하고는 제한되어 있다.

국가개입의 성공사례 - 뉴딜 정책

1920년대 세계경제는 호황을 누리고 있었다. 그러나 과잉생산, 제한 없는 자금대출, 무절제한 주식투기 등은 1929년 미국의 경제위기를 초래하였고, 세계적 차원의 대공황을 가져왔다. 1933년 취임한 미국의 루즈벨트 대통령은 뉴딜정책을 채택하여 경제위기에 대처했다.

루즈벨트 대통령은 정부 차원에서 제 기능을 하지 못하는 은행을 지원했고 무분별한 대출과 주식투기와 같은 금융시장의 문제점을 해결하기 위해 관련법의 제정을 통해 이에 대한 제동 장치를 마련했다. 또한 과잉생산으로 불안정한 농작물 가격은 생산을 통제함으로써 가격을 안정시켰고 댐과 발전소 건설을 비롯해 국민 생활에 필수적인 시설인 병원, 공원을 건설함으로써 일자리를 창출해 실업의 문제를 해결했다. 일자리를 창출정책뿐만 아니라 음악, 미술 등의 예술지원 사업과 여성의 일자리 문제 해결을 위해서도 노력을 기울였다. 이처럼 다양한 분야에서 하나의 목표를 달성하기 위한 정책을 마련함으로써 문제의 해결 가능성을 높였다. 뉴딜 정책은 급진적이었기 때문에 여러 가지 부작용도 발생했지만, 결과적으로는 뉴딜 정책을 통해 대공황을 극복했다. 무엇보다 미국이 견지해 왔던 자유방임주의의 원칙을 수정해 정부가 적극적으로 각 부문에 개입해 경제문제를 해결했던 뉴딜 정책은 미국이 지금까지도 초강대국으로 자리할 수 있는 발판이 되었다.

시장자율의 성공사례 – 대처의 개혁

영국은 2차 세계대전 이후 정부주도의 산업육성정책은 국영기업의 누적된 적자로 나타났고 이로 인해 부채가 급격하게 증가하고 있었다. 또한 공공부문의 비대화와 무분별한 복지 혜택 등으로 인해 발생된 부담은 영국을 국가 파산 상태로 몰아가고 있었다. 특히 1970년대 영국은 막강한 노조의 영향력으로 인한 지속적인 임금 상승과 생산성의 저하, 그리고 과도한 복지정책 등으로 경제가 침체하고 고비용과 저효율을 특징으로 하는 '영국병'에 시달리고 있었다. 그 결과 영국은 1976년 IMF로부터 경제안정자금을 지원받아 국가부도를 막는 사태에 이르렀다.

이에 마가렛 대처는 영국병을 고치기 위해 나섰다. 이를 위해 대처는 자유 시장경제의 원리에 입각해 경제를 포함한 사회 전부분에 대한 과감한 개혁에 착수했고 경제규제 완화, 공기업 민영화, 재정지출 삭감 등 정부개혁을 추진하였다. 특히 부실 공기업의 민영화로 영국 정부는 부실기업의 생명연장을 위해 적자를 메워주는 재정 부담에서 해방되었다. 또한 노동법 개정을 통해 노동시장을 개혁하는 한편 대표적인 강성노조인 탄광노조의 장기간에 걸친 파업도 원칙에 입각해 처리했다. 이후에도 과도한 공무원 숫자를 줄이고 국영기업을 민영화하는 작업을 추진하면서 경제와 사회전반의 효율성 향상을 도모하였다.

재임 기간은 물론 이후에도 대처는 국민들로부터 애증의 대상이었지만, 대처리즘으로 불리는 그녀의 사상은 미국의 레이거노믹스와 함께 오늘날까지도 세계경제를 주도하는 신자유주의의 원조로 언급되고 있다.

여섯 번째 단짝

키워드

06

지향하는 사회

조화로운 사회와 풍요로운 사회

지향하는 사회

조화로운 사회와 풍요로운 사회

우리는 01장에서 성선설과 성악설로 대표되는 인간의 본성을 어떻게 보느냐에 따라서 지향하는 사회가 조화로운 사회와 풍요로운 사회로 귀결된다는 전제를 시작으로 02~05장을 통해서 이념, 문제해결 방법, 사회적 가치에 대한 입장, 국가의 역할을 순서대로 살펴보면서 왜 각각의 키워드들이 서로 대립하면서 어떤 방식으로 하나의 흐름을 이루고 있는 것인지에 대해 하나씩 살펴보았다.

여기에 나오는 조화로운 사회는 이기심보다는 이타심을, 자유보다는 평등을, 경쟁보다는 협력을, 시장의 자율보다는 정부의 개입을 중요하게 생각하며 개개인의 풍요로움보다는 사회 전체의 조화로움, 즉 형평성이 실현된 사회를 의미한다. 반대로 풍요로운 사회는 이타심보다는 이기심을, 평등보다는 자유를, 협력보다는 경쟁을, 정부의 역할보다는 시장의 자율을 중요하게 생각해서 사회 전체의 효율을 향상시킴으로써 경제 성장을 이룩하는 사회를 의미한다.

우리는 지금까지 이와 같은 결론에 도달하기 위한 과정을 하나의 표로 정리했으며 각각의 키워드가 함의하고 있는 내용과 장단점을 하나씩 살펴보았다. 이 표는 여러분들이 합리적인 생각을 하는데 매우 중요한 역할을 하게 될 것이므로 머릿속에 꼭꼭 쟁여두는 것이 필요하다.

조화로운 사회와 풍요로운 사회의 의미

성악설, 즉 이기심을 인간의 본성으로 파악한 사람들은 무엇보다도 인간의 자유를 중요하게 생각했다. 이기적인 마음을 가지고 있는 인간은 상대와 끊임없는 대결과 경쟁을 통해 자신만의 이익을 챙기려고 한다. 하지만 이 대결과 경쟁은 사회를 보다 효율적으로 만들어 나간다. 그렇게 자유경쟁을 할 수 있는 사회는 경쟁에 의해서 경제 성장을 이룩하며 결과적으로 사회 전체가 풍요로움을 누리게 된다. 당연히 국가의 역할은 대결과 경쟁이 공정하게 이루어질 수 있게 만드는 것으로 제한된다.

〈제시문 1〉

포괄적인 재분배국가는 개인의 권리를 침해한다. 도덕적으로 선호되는 국가, 도덕적으로 용인되는 합법적인 국가는 몽상가들과 공상가들의 유토피아적 열망을 가장 잘 실현할 수 있는 국가이다. 최소국가는 우리를 불가침의 개인들로 취급한다. 즉 우리는 이 국가 안에서 타인에 의해 어떤 방법으로도 도구나 수단, 자원으로 이용될 수 없다. 최소국가는 우리를 권리를 소유한 존엄한 인격으로 취급한다. 우리의 권리들을 존중함으로써 우리를 존중해주는 최소국가는, 개인적으로나 우리가 선택하는 사람들과 함께, 우리가 스스로 선택한 목표와 스스로가 바라는 이상적 인간상을 실현할 수 있도록 해준다. 그리고 우리는 이 과정에서 우리와 동일한 존엄성을 지닌 다른 개인들의 자발적인 협동의 도움을 받는다.

〈제시문 2〉

경쟁이 최대한 효율적으로 작동할 수 있는 조건을 창출하는 일, 경쟁이 유효하게 서비스를 제공할 수 없을 때에만 비로소 경쟁을 대체하는 일, 그리고 거대 사회에 매우 유익하지만 어떤 개인이나 소수의 개인들이 그 비용을 보상할 수 있을 만큼 이윤이 나지 않는 서비스를 제공하는 일, 이 일들은 확실히 국가가 해야 할 분야들이다. 국가가 아무런 일도 하지 않으면서 합리적으로 방어할 수 있는 체제는 없다. 효과적인 경쟁체제는 현명하게 제정되고 지속적으로 조정되는 법적 틀을 필요로 한다. 경쟁이 적절하게 작동하기 위한 조건은 사기나 (무지한 사람에 대한 착취를 포함한) 기만을 방지하는 것에 국한된다. 이것은 완벽하게 성취된 적은 없지만 반드시 달성되어야 할 목표다.

바람직한 사회의 모습은 어떤 것일까에 대한 견해는 앞에서 다룬 주제들의 결론에 해당된다. 위의 두 제시문은 개인의 자유와 권리에 대한 최대한의 보장, 경쟁이 적절하게 작동하기 위한 최소한의 규제 등을 통해 효율적인 체제를 유지해야 한다는 주장이다. 우리가 풍요로운 사회를 지향한다는 것은 자유로운 경쟁 체제와 그 체제 내에서 이루어지는 과도한 경쟁으로 인해 발생하는 빈부 격차와 같은 문제점, 그리고 이 문제점을 해결하기 위한 국가 개입의 장점에도 불구하고 사회 전체의 발전과 풍요를 가져올 수 있는 방식이기 때문에 바람직하다는 주장에 동의하는 것이다.

성선설, 즉 이타심을 인간의 본성의 기본으로 파악한 사람들이 사회를 구성하는데 있어서 가장 중요하게 생각해야 하는 것이 모두가 능력과 가치를 공정하게 인정받아야 한다는 평등이다. 이들은 사람들이 기본적으로 이타적이므로 서로 협력을 통해서 얻고자 하는 것을 얻을 수 있음을 강조한다. 그러므로 이렇게 만들어진 사회에서는 형평성의 가치에 따라 개개인의 능력의 차이와는 별개로 누구에게나 최소한의 결과물을 제공하기 위해 노력한다. 이는 정부의 적극적인 개입으로 이루어질 수 있으며 이렇게 만들어진 사회는 풍요로움을 얻지는 못하지만 서로의 차이를 최소함으로써 조화로운 사회를 이룩하게 된다.

자유 시장 체제는 경제의 전반적인 추세를 규정하거나 공정한 기회 균등을 위해서 불가결한 사회적 여건을 제공하는 정치적·법적 제도 체계 내에서 작동해야 한다. 하지만 이와 같은 입장도 결점이 있다. 사회적 우연성의 영향을 감소시키는 장점이 있긴 하지만 아직도 능력과 재능의 천부적 배분에 의해 부나 소득의 분배가 결정되는 것을 허용한다. 소득과 부의 분배가 역사적, 사회적 행운에 의하여 이루어지는 것을 허용할 이유가 없는 것과 마찬가지로 천부적 재능의 분배에 의하여 소득과 부의 분배가 이루어지는 것도 허용할 이유가 없다. 더욱이 기회 균등의 원칙은 가족 제도가 존재하는 한 오직 불완전하게만 이루어질 수 있다. 천부적 능력이 계발되고 성숙하는 정도는 모든 종류의 사회적 여건과 계급 양태에 영향을 받는다. 노력하고 힘쓰며 일반적인 의미에서 가치 있는 존재가 되고자 하는 의욕 그 자체까지도 행복한 가정 및 사회적 여건에 달려있다. 실제에 있어서 비슷한 능력을 가진 사람들에게 기술 습득과 교양에 대한 동등한 기회를 보장한다는 것은 불가능하다. 따라서 우리는 이 사실을 시인하고 천부적인 운수가 미치는 자의적인 영향을 완화시키는 원칙을 채택해야 한다.

제시문에 나와 있는 것처럼 자유 시장 체제에서는 '역사적, 사회적 행운'이나 '천부적 능력'과 같은 사회적, 자연적 운의 차이로 발생하는 부당한 불평등을 통제할 수 없다. 우리가 조화로운 사회를 지향한다는 것은 이 모든 자의적인 영향을 완화하고 자본주의 사회가 야기하는 경제의 붕괴와 사회적인 혼란에서 벗어나 안정과 공동체의 보호를 요구하는 것이다. 그 과정에서 폭력적인 해결책이나 자유와 인권의 유린, 그리고 구성원들의 희생은 없어야 함은 물론이다. 결국 우리가 조화로운 사회를 지향한다는 것은 사회 전체의 비약적인 발전과 풍요로움을 일정 정도 희생하더라도 국가의 적극적인 개입으로 빈부 격차와 같은 문제의 해결을 통해 사회적 연대를 달성할 수 있기 때문에 바람직하다는 주장에 동의하는 것이다.

그런데 재미있는 것은 현실에서는 서로 상반되는 두 입장이 동전의 앞면과 뒷면 같이 서로 공존한다는 것이다. 어떤 하나를 택하게 되면 하나를 잃게 되는 것이 아니다. 즉, 어딘가로 멀리 가서 사라져 버리는 것이 아니라 동전의 앞면과 뒷면처럼 뒤에 가서 붙어 있는 것이다. 그래서 한쪽이 과하다 싶으면 순간적으로 그 입장과 상황이 바뀌기도 한다. 그러므로 우리가 최종적으로 지향하는 사회는 어떤 한 쪽으로 일방적으로 쏠리지 않는 사회가 되는 것이다.

지나치게 한쪽으로 쏠리게 되면 바로 반대편의 입장의 목소리가 커지는 이유가 그것이다. 평등에 대한 목소리가 커지면 바로 자유에 대한 목소리가 다시 커지는 것은 결코 우연이 아니라 법칙인 것이다.

우리는 늘 선택의 기로에 서 있다. 그리고 어떤 것을 택하느냐는 택하는 순간의 여러 요소에 의해서 바뀌게 된다. 전체적인 지향점을 풍요로운 사회로 했다고 해서 형평성과 협력을 무시할 수는 없다. 반대로 조화로운 사회를 지향점으로 삼았다고 해서 효율성과 경쟁을 무시할 수 없는 것도 마찬가지이다.

사고의 지향점으로서 조화로운 사회와 풍요로운 사회는 인간의 선천적인 본성은 물론 우리 스스로의 존재에 대한 사고이고 동시에 사회를 바라보는 하나의 세계관이다. 그리고 그 마지막 지향점에서 우리는 언제나 "지금 우리 사회는 어떤 모습을 하고 있을까?", "우리 사회가 지향하고 있는 모습은 과연 바람직한 것일까?"를 고민하게 된다.

복잡해지는 사회 속 올바른 판단 유지하기

현대 사회는 해를 거듭할수록 복잡해지고 다양화되고 있다. 예전에는 눈에 보이는 세계만 제대로 읽으면 세계를 읽을 수 있다고 생각했고, 또 실제로 그랬다. 하지만 점점 전세계는 다양한 기술로 아주 세세

하게 소통을 하게 되었다. 100년 전에는 배로 적게는 한 달, 많게는 몇 년까지 시간을 들여서 간신히 다른 나라를 갈 수 있었지만 비행기가 발명되면서 이제는 하루면 전 세계 어디든지 갈 수 있게 되었다. 게다가 불과 20여년 전만 해도 외국에 나가 있는 사람과 연락하는 방법이 유선전화나 위성전화뿐이었다면 지금은 다양한 방법(무선전화, 인터넷, 방송 등)으로 서로가 서로에 대한 소식을 주고 받는다. 그 관계는 교통과 통신의 발전이 큰 역할을 하게 되었다. 마찬가지로 외국에 대한 소식도 그날그날 바로 알 수 있다. 예전에는 유럽에서 유행하는 것이 우리나라에 들어오려면 몇 달이 걸렸지만 지금은 그렇지 않다. 반대로 우리나라에서 유행하는 것들이 빠르게 전세계로 퍼져 나가기도 한다.

이렇듯 이제는 눈에 보이지도 않는 나라의 일들이 나의 삶에 빠르게 영향을 미치고 있다. 그리고 수많은 것들과 경쟁 아닌 경쟁을 하게 되고 협력 아닌 협력을 하게 된다. 오늘 경쟁하는 나라는 과거에는 협력했던 나라이다. 반대로 오늘 협력하는 나라는 과거에 경쟁했던 나라이기도 하다.

2022년 세계사의 가장 큰 사건은 바로 러시아와 우크라이나의 전쟁이다. 이 전쟁은 여러 가지에 큰 파장을 일으키면서 전세계에 불황의 짙은 그늘을 드리우고 있다. 하지만 이억만리에서 일어나고 있는 전쟁이 대한민국에서 어떤 영향이 있을 것라고 상상도 못하던 시대가 있었다.

11세기에 시작된 십자군 전쟁은 유럽의 기독교 세력과 아시아의 이슬람 세력의 대충돌이 있었다. 이 십자군 전쟁은 유럽과 중앙아시아에 큰 영향을 미쳤다. 하지만 한반도의 고려에는 어떤 영향을 미쳤을까? 직접적인 영향이라고 이야기할 수 있는 것은 아마도 없을 것이다.

멀리 갈 필요도 없다. 당장 20세기 후반기에 세계는 냉전시대였다. 소련을 중심으로 하는 사회주의 진영과 미국을 중심으로 하는 자유주의 진영이 서로 대립을 하고 있었다. 그렇기 때문에 상호간의 교류는 생각도 하지 못했다. 대한민국의 경우도 소련과 어떤 협력을 해야 한다는 생각은 전혀 하지 못했다. 그런 이유로 냉전기간에 러시아가 우크라이나를 공격했다면(물론 그럴 일이 없겠지만) 우리나라에 미치는 영향은 아주 미미했을 것이다.

그런데 21세기의 지구는 그렇지 않다. 전 세계의 나라들은 진영을 떠나서 서로 아주 깊은 관계를 가지고 있다. 전 세계가 비행기를 타게 되면 24시간 안에 거의 모든 곳을 갈 수 있다. 전 세계 대부분의 국가들이 자국에서 생산되는 물건들을 외국에 팔고 외국에서 생산되는 물건들을 구매한다. 외국의 물건이 없다면 생존을 영위하기 힘든 나라도 있다. 국가들도 이렇게 서로 긴밀한 관계를 가지고 있지만 마찬가지로 그 국가에서 살아가는 사람들도 다양한 방식으로 서로 긴밀하게 관계를 맺고 있다.

냉전시대 소련은 모두가 잘 사는 조화로운 사회를 만들고자 하였다.

반면에 미국은 자유경쟁을 통한 풍요로운 사회를 만들고자 하였다. 서로 자신의 입장이 옳다고 주장을 하면서 경쟁을 하였다. 그리고 그 결과 조화로운 사회보다는 풍요로운 사회를 지향하는 것이 더 나은 선택이라는 듯이 소련은 자신의 실패를 인정하고 풍요로운 사회를 지향하는 대열에 끼어들게 되었다. 하지만 그것과는 별개로 유럽의 많은 국가들은 풍요로운 사회를 지향하는 듯 하지만 국가의 적극적 역할을 인정하는 복지제도 등을 통해서 조화로운 사회를 꿈꾸며 사회를 운영하고 있다. 즉, 소련이 망했다고 해서 조화로운 사회가 풍요로운 사회 앞에 무릎을 꿇은 것이 아니라는 말이다.

앞에서도 이야기했지만 인간의 본성에 대한 논의는 여전히 계속되고 있다. 성선설인지 성악설인지 여전히 그 논쟁은 유효하다. 마찬가지로 인간들이 지향하는 사회도 조화로운 사회일지 풍요로운 사회일지도 여전히 논란이 되고 있다. 그럼에도 불구하고 우리는 하나의 입장을 선택해야 한다.

서문에서 저자는 합리는 유학의 용어인 '합어리(合於理)'에서 빌려왔으며 합어리는 '존재의 결에 맞느냐'에 관한 담론이라고 하였다.

우리의 사유는 지금 바로 우리의 존재의 결에 맞는 올바른 사유이어야 하며 그것은 인간의 본성을 어떻게 시작했는가보다 우리가 현재 어디에 살고 있느냐가 더 중요하게 채워져야 할 것이다.

우리의 표는 이렇게 완성되어졌다.

인간의 선천적 본성	이념	문제해결 방식	사회적 가치	국가의 역할	지향하는 사회의 모습
성악설	자유	경쟁	효율성	시장자율	풍요로운 사회
↕					↕
성선설	평등	협력	형평성	정부간섭	조화로운 사회

인문학은 "지금, 여기, 우리"의 문제를 다루는 학문

우리는 왜 중국 전국시대의 맹자나 순자에 대해서 알아야 하는 것일까? 그리고 나와 관계도 없는 일이라고 생각될 뿐만 아니라, 우리나라도 아니고 이름도 생소한 나라에서 벌어지는 일들에 대해서까지 배워야 하는 것일까?

이 물음에 대한 답은 분명하다.

과거의 문제들을 살펴보는 것은 '지금'의 문제를 해결하기 위해서이고, 멀리 떨어진 곳의 문제를 살펴보는 것은 '여기'의 문제를 해결하기 위해서이며 다른 사람들의 문제를 살펴보는 것은 '우리'의 문제를 해결하기 위해서이다. 인문학은 그래서 "지금, 여기, 우리"의 문제를 다루는 학문이다.

습관이나 관습, 통념이나 편견에서 벗어나서 자유롭게 사고를 할 수 있는 능력이 있다면 너무나 다행한 일이다. 무엇이 통념이고 무엇이 편견일까? 새로운 생각을 하고 새로운 삶의 방식을 찾는다면 너무나 훌륭한 일이다. 하지만 아무것도 없는 곳에서 갑자기 새로운 무언가를 찾을 수는 없다. 그래서 새로운 무언가를 찾기 위해 누군가에게서 배우기도 하고 다양한 자료를 찾아보기도 하는 것이다.

우리가 인문학을 공부하는 것도 마찬가지이다. 수많은 철학자들의 견해를 암기하고 그 견해를 하나하나 나열하기를 바라는 것이 아니라 단 하나의 본질, 즉 자신의 생각을 온전하게 세우고 자신의 눈으로 세상을 바라볼 수 있는지를 확인하기 위한 것이다. 그렇기 때문에 인문학에서 중요한 것은 '정보' 자체가 아니라 그 하나의 정보를 갖기까지의 과정일지도 모른다. 그러므로 정말로 필요한 것은 정보를 암기하는 것이 아니다. 정말로 필요한 것은 양질의 정보를 통해 자신의 사유를 훈련하는 것이다. 결국 우리가 할 일은 교육을 받는 일(teaching)과 함께 스스로 생각하는 일(thinking)을 얼마나 잘 훈련하였는가의 문제일지도 모른다. 우리가 교과서에 편재되어 있는 양질의 지식을 배우고 이를 바탕으로 스스로 생각을 전개하고 나아가 자신이 직면하고 있는 상황과 현실에 대해 판단할 수 있게 된다면 우리는 교과서라는 틀에 갇히지 않고 저 넓은 사유의 세계로 행군할 준비를 마친 것이다. 지식 또는 지성의 기준을 제시하는 교과서를 관통하는 하나의 사유를 바탕

에필로그 ──────

으로 스스로 생각하는 법을 익힌 사람들은 교과서 속에 갇혀있지 않고 교과서 밖으로 행군하게 될 것이다.

내 생각은 어느 포지션에 있는가?

공부를 하는 방법이나 공부를 하면서 생각해야 하는 것들, 그것은 사실 매우 비슷하다. 하지만 어떤 사람은 효율적으로 공부를 하고, 어떤 사람은 비효율적으로 공부를 한다. 왜 그럴까? 이는 자신이 알고 있는 것과 모르고 있는 것에 대해서 명확하게 이해를 하고 있는지 또는 그렇지 못한지에 따라 달라지기 때문이다. 무엇을 공부하고 있는지도 중요하지만, 실제로 자신이 어느 정도의 위치에 있으며, 어디쯤 와 있는지, 자신이 알아야 할 것들이 어디에 있는지를 찾아내는 작업이 더 중요하다. 나무만 자세히 보고 숲을 보지 못하는 우를 범해서는 안 된다는 말이다. 나무 하나하나를 보되 그것 전체를 아우르는 숲을 보기 위한 노력은 반드시 필요하다. 단순하게 세부적인 사실 하나하나에 얽매이기보다 그 하나하나를 통해 전체의 흐름을 이해하는 것이 더 중요하다는 말이다.

이 책을 하나의 서랍장이라고 한다면, 이 서랍장에는 6개의 작은 서랍이 있다. 이 6개의 서랍을 나누는 칸막이의 양쪽에는 각각의 내용물이 들어 있다. 우리는 바로 이 6개 서랍의 칸막이 속에 들어 있는 12개의 내용물은 무엇이며 이 내용물들이 서로 어떻게 연관을 맺으면서 하나의 서랍장을 완성하고 있는지를 지금까지 파악한 것이다.

이제 여러분의 할 일은 이러한 서랍들이 서로 어떤 기준으로 나누어졌고, 서로 어떤 관계를 맺고 있는지 알아 가야 한다. 그 개념을 이해하고 다른 개념들과는 어떤 관계를 맺고 있는지를 아는 것도 중요하지만, 그것이 전체적인 그림 속에서 어느 지점에 있는지를 파악하고 그 흐름과 맥락을 이해하는 것이 이 책의 가장 중요한 내용이다.

1. 인간의 선천적 본성 - 성선설과 성악설

2. 이념 - 자유와 평등

3. 문제 해결 방식 - 협력을 통한 해결, 경쟁을 통한 해결

4. 사회적 가치 - 효율성과 형평성

5. 국가의 역할 - 시장자율과 정부간섭

6. 지향하는 사회의 모습 - 조화로운 사회와 풍요로운 사회

6개의 서랍의 명칭이다. 그리고 그 속에 한 쌍의 개념이 들어있다. 각각의 서랍에는 이 책을 읽는 사람들이 각각의 개념들을 이해한 후에 보다 구체적으로 사고하고 심화할 수 있도록 짧은 참고 자료들을 배치했다. 이해하는데 도움이 될 것이라고 생각한다.

"어떤 일을 시작할 때 '어떻게'와 '언제'는 쉽게 찾을 수 있지만, '왜'라는 명분을 찾는 것은 중요한 만큼 어려운 일이다. 하지만 찾은 이후

에는 흔들림 없이 나아갈 수 있다."

앞의 내용들을 제대로 이해하고 숙지하였다면 대한민국 뿐만 아니라 현대의 사회에서 가장 첨예하게 대립하고 있는 '진보'와 '보수'에 대한 올바른 이해가 될 것이다. 그리고 여러분 스스로의 자리를 매겨볼 수 있을 것이라고 생각한다.

어떻게 하면 보다 나은 사회가 될 것인가? 이 문제는 정치권력을 가진 사람들뿐만 아니라, 청소년들도 한번쯤은 생각해 봐야 하는 문제이다. 그러나 이에 대한 해답을 제시하는 것은 쉬운 일이 아니다. 사회는 복잡하게 얽힌 네트워크이기 때문에 사회가 안고 있는 문제는 어느 한 사람, 혹은 어느 일방의 주장만으로 해결할 수 없는 일이 대부분이다. 또한 문제를 해결하기 위해 오랜 세월 동안 굳어진 관습이나 부조리를 한순간에 철폐하는 것 또한 불가능에 가까운 일이다.

그럼에도 불구하고, 학창 시절부터 우리들이 배우는 교과과정을 통해 전달하려는 핵심 내용은 '어떻게 하면 보다 나은 사회를 건설할 수 있을까?', '우리 사회가 지향하는 사회는 어떤 모습의 사회인가?', 그리고 '우리는 왜 그런 사회를 지향하려고 하는가?'에 관한 것이다. 우리는 교과과정을 통해 개인과 공동체의 관계, 도덕과 윤리, 사회적 갈등을 바라보는 관점이나 해결 방식, 여러 가지 사회 제도의 장단점, 우리 사회와 공동체가 지향하는 가치, 그리고 국가의 역할에 이르는 많은 내용들을 배운다. 그 모든 과정에서 일관되게 요구되는 것이 합리적인 사고라고 생각한다. 이 책이 바로 그 '합리적인 사고'라는 것을 이해하고 실천하는 일에 조금이라도 도움이 되기를 바라는 마음이다.

합리적 사고를 위한 12개 키워드

초판 1쇄 인쇄 2022년 10월 31일

지은이 신창호
편 집 박일구
펴낸이 강완구
펴낸곳 써네스트
디자인 김남영

출판등록 | 2005년 7월 13일 제 2017-000293호

주 소 | 서울시 마포구 망원로 94, 2층 203호

전 화 | 02-332-9384 　　**팩 스** | 0303-0006-9384

이메일 | sunestbooks@yahoo.co.kr

ISBN | 979-11-90631-57-0 (03190)　　값 13,000원

2022ⓒ 신창호